"十四五"职业教育国家规划教材

●中等职业学校酒店**服务与管理类**规划教材●

酒店服务礼仪

（第2版）

■王冬琨 主编　■郝 瓅 张 玮 副主编

U0359818

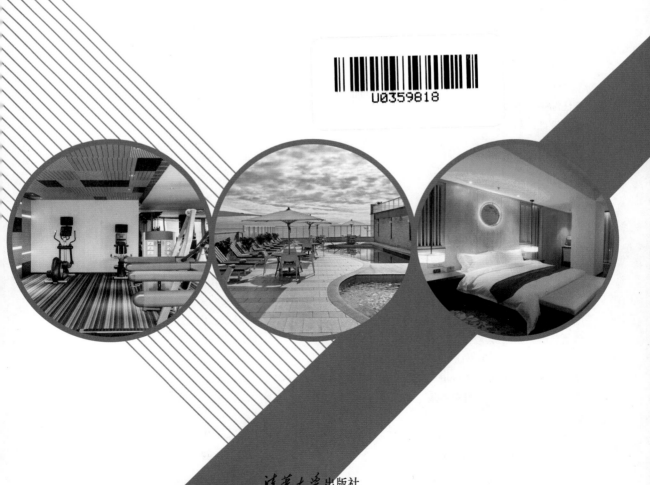

清华大学出版社
北京

内容简介

"酒店服务礼仪"作为酒店服务管理专业的一门专业基础课,从培养酒店服务人员的礼仪习惯和礼仪服务规范入手,旨在强化学生的服务意识,训练其服务技能,规范其职业礼仪,使学生进入工作岗位时能合乎礼仪、自然得体地服务客人,从而展示出良好的职业风采。本书在编写过程中,对教材的框架结构和内容组织形式进行了创新,构建了全新的以工作任务为中心、以工作环境为基点的课程体系。本书涵盖了礼宾服务礼仪、前台服务礼仪、客房服务礼仪、餐饮服务礼仪、会议服务礼仪、康乐服务礼仪等内容。

本书已入选"'十四五'职业教育国家规划教材",可作为中职、高职院校旅游管理专业或酒店服务与管理专业的教材,亦可作为相关在职人员岗位技能培训的参考书。

图书在版编目(CIP)数据

酒店服务礼仪 / 王冬琨 主编 . —2 版 . —北京:清华大学出版社,2019(2024.8 重印)
(中等职业学校酒店服务与管理类规划教材)
ISBN 978-7-302-53219-4

Ⅰ.①酒… Ⅱ.①王… Ⅲ.①饭店—商业服务—礼仪—中等专业学校—教材 Ⅳ.① F719.2

中国版本图书馆 CIP 数据核字 (2019) 第 129371 号

责任编辑:王燊娉
封面设计:赵晋锋
版式设计:方加青
责任校对:牛艳敏
责任印制:宋 林

出版发行:清华大学出版社
　　　　网　　　址:https://www.tup.com.cn, https://www.wqxuetang.com
　　　　地　　　址:北京清华大学学研大厦 A 座　　邮　　编:100084
　　　　社 总 机:010-83470000　　　　　　邮　　购:010-62786544
　　　　投稿与读者服务:010-62776969,c-service@tup.tsinghua.edu.cn
　　　　质 量 反 馈:010-62772015,zhiliang@tup.tsinghua.edu.cn
印 装 者:三河市龙大印装有限公司
经　　销:全国新华书店
开　　本:185mm×260mm　　印　　张:13　　字　　数:268 千字
版　　次:2012 年 1 月第 1 版　2019 年 9 月第 2 版　印　　次:2024 年 8 月第 12 次印刷
定　　价:59.00 元

产品编号:080472-03

丛书编委会

丛书序

以北京市外事学校为主任校的北京市饭店服务与管理专业委员会，联合了北京和上海两地12所学校，与清华大学出版社强强联手，以教学实践中的第一手材料为素材，在总结校本教材编写经验的基础上，开发了本套《中等职业学校酒店服务与管理类规划教材》。北京市外事学校是国家旅游局旅游职业教育校企合作示范基地，与国内多家酒店有着专业实践和课程开发等多领域、多层次的合作，教材编写中，聘请了酒店业内人士全程跟踪指导。本套教材的第一版于2011年出版，使用过程中得到了众多院校师生和广大社会人士的垂爱，再版之际，一并表示深深的谢意。

中国共产党第二十次全国代表大会报告强调，要"优化职业教育类型定位"，"培养造就大批德才兼备的高素质人才，是国家和民族长远发展大计"。近年来，酒店业的产业规模不断调整和扩大，标准化管理不断完善，随之而来的是对其从业人员的职业素养要求也越来越高。行业发展的需求迫使人才培养的目标和水平必须做到与时俱进，我们在认真分析总结国内外同类教材及兄弟院校使用建议的基础上，对部分专业知识进行了更新，增加了新的专业技能，从教材的广度和深度方面，力求更加契合行业需求。

作为中职领域教学一线的教师，能够静下心来总结教学过程中的经验与得失，某种程度上可称之为"负重的幸福"，是沉淀积累的过程，也是破茧成蝶的过程。浮躁之风越是盛行，越需要有人埋下头来做好基础性的工作。这些工作可能是默默无闻的，是不会给从事者带来直接"效益"的，但是，如果无人去做，或做得不好，所谓的发展与弘扬都会成为空中楼阁。坚守在第一线的教师们能够执着于此、献身于此，是值得被肯定的，这也应是中国职业教育发展的希望所在吧。

本套教材在编写中以能力为本位、以合作学习理论为指导，通过任务驱动来完成单元的学习与体验，适合作为中等职业学校酒店服务与管理专业的教材，也可供相关培训单位选作参考用书，对旅游业和其他服务性行业人员也有一定的参考价值。

这是一个正在急速变化的世界，新技术信息以每2年增加1倍的速度增长，据说《纽约时报》一周的信息量，相当于18世纪的人一生的资讯量。我们深知知识更新的周期越来越短，加之编者自身水平所限，本套教材再版之际仍然难免有不足之处，敬请各位专家、同行、同学和对本专业领域感兴趣的学习者提出宝贵意见。

2022年12月

《礼记》中写道："人无礼不生，事无礼不成，国无礼则不宁。"礼仪是人们素质提高的表现，是社会文明进步的象征。"不学礼，无以立"，礼仪搭架起人际交往成功的桥梁，发挥着协调人与人之间、组织与组织之间关系的重要作用。在现代社会，礼仪既是人际交往的方式、方法，也是生存的智慧和哲学。

从本质上讲，礼仪是通过一些规范化的行为来表达人际间的相互敬重、友善和体谅。作为现代礼仪的重要组成部分，酒店服务礼仪是酒店员工向酒店宾客表示尊重和友好的一种形式，是为宾客提供服务时所应遵循的行为准则和规范。这种规范化的行为更是处处体现在仪容仪表仪态、服务用语及各种不同环境的礼仪规范上。

"酒店服务礼仪"作为酒店服务与管理专业的一门专业基础课，从培养酒店服务人员的礼仪习惯和礼仪服务规范入手，旨在强化学生的服务意识，训练其服务技能，规范其职业礼仪，使学生进入工作岗位时能合乎礼仪、自然得体地服务客人，从而展示出良好的职业风采。课程认真贯彻党的二十大报告精神，落实"酒店服务礼仪"思政要求，立足岗位、学思践悟，培养有理想、敢担当、肯吃苦的酒店服务技术技能人才。

本书根据实际工作岗位需要的职业能力进行内容设计，以能力培养为核心，让学习者在高仿真的工作环境中，结合酒店服务的整体要求和岗位要求，通过训练掌握酒店对客服务过程中的礼仪规范，熟悉各种服务礼仪操作技能，并能在服务中灵活运用。

本书既注重培养学习者酒店服务岗位所具有的礼仪能力、酒店服务文化的实践运用能力，又能满足学习者个体的职业发展需要。本书以酒店工作的真实情境描述作为单元的引语，把酒店服务中的服务理念、意识、责任和情感等融入每一个具体的任务中，针对任务进行活动安排、信息学习、任务训练等，引导学习者自然地进入学习过程，根据学习需求，设计礼仪服务、实现礼仪服务、做好礼仪服务，从而使服务更加完美。

本书以任务和活动的形式设计框架结构，共分为6个单元，每个单元由若干任务组成，并在每个任务下设计了活动、信息页、任务单及任务评价等，便于教师针对具体情境进行礼仪训练和学生自主学习，符合当前职业教育的教学指导思想。

本书在内容的安排上，根据实际工作环境的需要来设置，更多地融入典型案例、礼仪训练、情境模拟等，更具可读性和可操作性；精选了最新的礼仪规范图片，以贴近酒店服务的实际工作情境，更具有直观性。

本书的每个单元主要由以下几个部分组成。

（1）工作情境：选择酒店服务不同环境出现的礼仪服务情境，通过描述，使学习者自然进入情境中，引导学习者发现问题、找出满足宾客需要的礼仪要素。

（2）具体工作任务：通过具体任务分析，使学习者明确不同环境下礼仪情境的不同，并针对不同情境找出满足需要的服务礼仪，再根据自己的需要进行下一步的自主学习。

（3）活动：结合任务分析，确定相应的具体活动，从而获得不同的学习体会。

（4）信息页：提供学习者在不同活动中所需要的礼仪操作规范，获取必要的知识补充，进而提升服务礼仪能力。

（5）任务单：给出技能分项训练和作业，使学习者采用小组合作或其他方式完成活动任务，以便更好地掌握服务礼仪的要点，提升服务礼仪能力，进而将服务礼仪规范转化成日常服务习惯。

（6）任务评价：检验学习者活动任务的完成情况，使其更有针对性地找出问题所在，促进职业能力的发展。

本书在第1版的基础上进行了相应修订，以期进一步提高教材的实用性，更贴近酒店岗位的需求，同时更换了更加规范的礼仪服务图片，以帮助教学者和学习者更容易、更清楚地理解相应礼仪知识，并已入选"'十四五'职业教育国家规划教材"。本书由王冬琨担任主编，郝瓅、张玮担任副主编，其他参与编写的还有姚卫、单侠等。具体分工如下：郝瓅编写单元一和单元二的前四个任务；单侠编写单元二的任务五；王冬琨编写单元三和单元四；姚卫编写单元五；张玮编写单元六。

本书在编写过程中，参考了许多酒店、礼仪专家学者的相关书籍，在此一并表示感谢。同时，感谢教材编写中为我们提供场地和部分图片支持的北京饭店、北京国贸饭店和香山假日商务会所，感谢为我们提供大力帮助的汪珊珊、田艳清、常鹏、李红和杨艳娟等几位老师，感谢北京饭店的贾丽、李欣、常佳。本书图片人物主要是北京市外事学校、北京水利水电学校在酒店工作或实习的学生。

由于编者水平有限，书中难免存在疏漏之处，企盼在今后的教学和实践中，能有所改进和提高，恳请读者不吝赐教，以使其日臻完善。

编　者

2023年7月

目　录

┃单元五　会议服务礼仪┃

┃单元六　康乐服务礼仪┃

礼宾服务礼仪

礼宾服务礼仪是酒店在为宾客办理入住之前、结账离开之后，店外的迎来送往服务工作中所需具备的礼仪。一般包括酒店外(机场代表)迎送服务礼仪、酒店前厅(门童)迎送服务礼仪和行李(员)服务礼仪等。从宾客抵达酒店到离开酒店，礼宾服务人员都应以亲切、有礼、周到、细致的服务，为宾客营造愉悦的氛围。

课程思政元素：

总体要求：在礼宾服务礼仪学习和训练中要坚持敬业、精益、专注、创新。

岗位要求：在礼宾礼仪服务中要注重尊重、守信、守时、细致、认真、自觉。

热心服务，做有理想、敢担当的酒店人！

——致学习中的你

任务一 酒店机场代表迎送服务礼仪

　　酒店机场代表迎送服务是宾客对酒店的第一印象，一个美好的开始决定了宾客对酒店满意程度的评价，所以至关重要。"酒店机场代表"代表酒店在机场、车站、码头等主要交通口岸为宾客提供接送服务，并及时介绍宾客需要的信息，主动、热情，时刻关注、重视宾客，让宾客有回到家的感受。

工作情境

　　Bruce作为某五星级酒店的机场代表，从酒店前台领到了明天要去机场迎宾的任务单：本次接机共有6位宾客，其中有1位中国宾客、2位美国宾客、3位日本宾客。他需要做好充分的接机准备，为宾客留下深刻的第一印象。

　　具体工作任务

* 掌握各种宾客见面礼仪；
* 掌握机场代表迎送宾客礼仪；
* 完成任务单中各项服务礼仪的案例分析及处理；
* 完成各项礼仪训练。

活动一 宾客见面服务礼仪

　　在与宾客见面时行一个标准的见面礼，会给对方留下深刻而美好的印象，体现出酒店员工良好的工作素质和个人修养。从工作情境中可以看出，为了更好地接待各国宾客，酒店机场代表要了解不同形式的见面礼节。

信息页一 微笑礼仪

　　微笑是一种表情，起着沟通人际关系、表达感情的重要作用。同时，在酒店服务行业，微笑还是一种职业需要，是酒店员工对宾客服务心理的外在体现，也是宾客对酒店服务形象最直观的第一印象。酒店任何岗位的员工都要面带发自内心的微笑来为宾客提供优质的服务。

- 注视时间：3～5秒。在与宾客交流时，要注视对方，但时间不宜过长或过短，目光也不要突然移开。掌握好给予宾客微笑的次数，一般保持2～3次为最佳
- 注视区域：面部双眉到唇心的倒三角区域。要注意注视角度，一般以平视或仰视为主，以表示尊敬、注意倾听对方的谈话
- 关于微笑：微笑是要发自内心的。有礼貌的微笑是温馨自然的，是富有亲和力并扣人心弦的，是一个人真实情感的表露。语言和微笑都是传播信息的重要符号，应时刻注意将真诚的微笑与美好的语言相结合

知识链接

希尔顿酒店的成功秘诀

创立于1919年的美国希尔顿酒店，在近100年的时间里，从一家普通的酒店扩展到全球300多家连锁店，成了酒店业的"巨无霸"。如今，希尔顿酒店已是世界顶级豪华酒店的代名词。入住希尔顿酒店，宾客不仅能享受到宾至如归的服务，而且也成为尊贵身份的象征。

希尔顿酒店成功的秘诀之一就是牢牢确立自己的企业理念，并把这一理念贯彻到每一个员工的思想和行为当中。希尔顿酒店创造"宾至如归"的文化氛围，注重企业员工礼仪的培养，并通过"秘诀"体现出来。这个秘诀是什么呢？希尔顿的母亲说："要使经营真正得到发展，只要掌握一个秘诀，这个秘诀简单、易行，不花本钱却又行之长久。"希尔顿冥思苦想，终得其解。这秘诀不是别的，就是微笑，只有微笑才同时具备以上4个条件，且能发挥强大的功效。此后，"微笑服务"就成了希尔顿酒店经营的一大特色。

希尔顿酒店的创始人唐拉德·希尔顿在几十年里，不断地到他分设在世界各地的希尔顿酒店视察业务。每天他至少到一家希尔顿酒店与酒店的工作人员接触，向他们问得最多的一句话必定是："今天，你对宾客微笑了没有？"

信息页二　鞠躬礼仪

鞠躬礼，源于中国的商代，是一种古老而文明的对他人表示尊敬的郑重礼节，既适用于庄严肃穆或喜庆欢乐的仪式，也适用于一般的社交场合。在酒店服务中，行鞠躬礼是对宾客表示尊重的体现。

- 行鞠躬礼前，应脱帽(摘下围巾)
- 行鞠躬礼时的距离：一般是在离对方2m左右的位置
- 行鞠躬礼时的体态：立正站好，保持身体端正，两腿并拢，双手自然放在身体两侧，女士可双手叠放在腹前。以髋关节为轴，上身向前倾斜，使头、颈、背成一条直线
- 行鞠躬礼时的表情：鞠躬时目光应向下看，表示一种谦恭的态度，视线由对方脸上落至自己脚前方的相应位置，面带真诚的微笑，向宾客表示问候
- 鞠躬的幅度：可根据施礼对象和场合决定鞠躬的度数，一般见面行30°鞠躬礼即可，90°大鞠躬常用于特殊情况

信息页三　握手礼仪

社会交往过程中，见面时习惯以握手相互致意，分别时以握手告别。关于握手，其间的讲究是不能忽视的。作为酒店员工，如果要使用握手礼接待宾客，一定要了解握手的相应礼规，避免出现失礼的行为。

握手礼仪
- 行握手礼时，要身姿挺拔，双腿立正站好，上身略向前倾15°左右，以表示对对方的尊敬，与对方的距离掌握在70～75cm
- 面带微笑，自然大方地伸出右手，伸手的高度保持在腰部位置，四指并拢、拇指张开，手掌与地面垂直，左手自然垂放在左侧
- 握手时要握住对方整个手掌，用力均匀，上下晃动两到三下，时间一般以2～3秒为宜，并结合相应问候语言
- 迎客时主动伸手，送客时则不可
- 与多人握手时，要讲究先后顺序：明确对方身份时，按身份高到身份低的顺序握手；不明确对方身份时，按距离近到距离远的顺序握手

(续表)

	握手禁忌
	• 不要用左手与他人相握 • 不要交叉握手 • 不要在握手时戴着手套 • 不要在握手时将另外一只手插在衣袋里或拿着东西 • 不要在握手时面无表情、一言不发或长篇大论、点头哈腰、过分热情 • 不要在握手时只握住对方的手指尖，好像有意与对方保持距离 • 不要手部不洁或握手后擦拭手部 • 不要拒绝与他人握手

美国著名女作家海伦·凯勒说："我接触的手，有的能拒人千里之外；也有些人的手，充满阳光，你会感到很温暖……"可见，握手能够表明你对他人的态度，是热情还是冷淡，积极还是消极，是尊重别人、诚恳相待，还是居高临下、敷衍了事。

一个积极的、有力度的正确的握手方式，表达了你友好的态度和可信度，以及你对别人的重视和尊重。一个无力的、漫不经心的、错误的握手方式，将立刻传送出不利于你的信息，无法用语言来弥补，在对方心里留下不好的第一印象。

对于酒店服务行业来说，最重要的就是为每一位宾客提供优质的服务，并渗透每一个细节。掌握好与宾客见面的礼仪，是酒店待客服务的良好开始。

任务单一 微笑礼仪训练——最美的你

1. 准备工作：一面镜子，一本书，一首节奏欢快令人心情愉悦的乐曲。

2. 训练内容：

(1) 微笑眼神：播放音乐的同时，用书遮住面部，只露出眼睛。看着镜子里的自己，听着美妙的音乐，心情会随之舒畅，那么，请让自己的眼睛也笑起来吧。眼睛呈月牙状，眉头也舒展开，也就是我们常说的"眉开眼笑"。

(2) 微笑嘴型：听着音乐，面对着镜子。把书从面部移开，看着自己的嘴唇，摆出普通话"一"音的嘴型，嘴角两端微微上扬，微露齿或不露齿均可。

(3) 最美微笑：眼含笑意，嘴角向上翘起，两者的配合就是微笑的表情。相同的动作反复几次，看着镜中的自己，找到最美的微笑。

任务单二　见面服务礼仪训练

如果你是Bruce，请根据所学内容进行机场接机情境展示：向宾客微笑、行鞠躬礼。

评价项目	表情流露(2分)	鞠躬致意(3分)	握手致意(3分)	展示内容(2分)	总分(10分)	
评价标准	表情(微笑)和语言适度结合	度数的把握标准规范	仪态大方，规范适度	条理清楚，用语规范	自评	互评
第　组						
第　组						
点评小组记录	优点： 问题：					

活动二　机场代表迎送宾客服务礼仪

树立良好的自我形象，才能对外增强吸引力、感召力、信任力。酒店员工的自我形象影响着酒店的生存与发展，也是礼仪服务成功与否的关键。机场代表的仪容仪表礼仪展示了酒店员工的精神风貌，体现了酒店的规格和服务标准。下面我们就一起来进行相关的礼仪训练，为宾客展示最佳礼仪形象。

信息页一　仪容仪表礼仪

注重仪容仪表应该是酒店从业者的一项基本素质，它反映了酒店员工的精神面貌，更代表了酒店的整体形象。

一、仪容礼仪

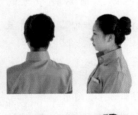

发型要求

- 头发要勤洗、勤理，保持清洁，无头屑、杂物，梳理整齐，保持自然发色，不染奇怪发色，不留怪异发型
- 女士发型：长发要盘起，发髻高度保持在脑后方中间位置，不宜过高或过低，两侧及后方细发、碎发用无任何装饰物的黑色卡子固定；短发要梳理整齐，长不过肩；如有头帘，在眉毛上方为宜
- 男士发型：保持简单的发式并经常修剪，前额头发不可超过眉毛，两侧鬓角保持在耳中部位置，脑后方头发长度不可触及衣领，不得剃光头、蓄胡须

(续表)

	卫生要求
	• 作为酒店员工，每个人都要养成良好的卫生习惯，要随时保持口气清新，头发、面部、手部洁净。可适度使用淡香水 • 面容修饰：女士化妆时要淡雅自然，不能浓妆艳抹；男士修饰时要大方得体，展示出酒店员工良好的精神风貌 • 手部要求：指甲修剪整齐、长短适宜，符合岗位要求。女士可涂无色透明指甲油

二、仪表礼仪

	着装要求
    	• 着装要得体、大方，按要求系好纽扣，打好领带，与自身的职业、年龄、体型相协调，色彩搭配自然，符合酒店形象。服装要时刻保持干净整洁、外观平整，没有油渍、汗迹或褶皱 • 工牌佩戴于左胸前，与地面保持水平，无倾斜，无破损 **配饰选择** • 无论女士还是男士，如佩戴戒指，选择一只样式简单的结婚或订婚戒指；佩戴各类饰物都要简单、精致，不可夸张、奢华 • 女士：只佩戴一副耳饰，项链不可露出，饰物不可过多 • 男士：不可佩戴耳饰、项链、手镯等饰物，手表除外 **鞋袜要求** • 女士：应选择黑色无明显装饰的船形高跟鞋，配肉色丝袜。着裙装时，要穿长筒袜或连裤袜，袜子不能有破洞或抽丝，不可穿带有花纹的长袜，袜口不应外露 • 男士：应选择深色系中筒袜，如黑色、深蓝色，袜口高度应以落座后不会露出腿部肌肤为佳；皮鞋应保持鞋面光亮，要与着装相协调

信息页二 你会打领带吗

领带是男士衣着品位和绅士风度的象征，通常最抢眼的不是西装本身而是领带。因此，领带常被称为西装的灵魂，能起到"画龙点睛"的作用。穿西装套装时不打领带，往往会使西装黯然失色。

一、领带佩戴的注意事项

(1) 记得要将衬衫的第一粒纽扣扣好；

(2) 衣领后方领带一定要藏在衣领中；

(3) 领带结和衣领间不能有空隙出现；

(4) 领带长度以到皮带扣中间处为佳。

二、领带打法之温莎结

据说，温莎结是英国著名的温莎公爵发明的系法，是一个形状对称、尺寸较大的领带结。打好的领结饱满沉稳，位置很正，适合宽衣领衬衫，亦适合在商务会见、谈判等较严肃的社交场合与公务西装搭配时使用。

第一步：领带在颈部搭好，以大箭头在左，小箭头在右为例；大箭头长于小箭头，长度把握在打好领带后小箭头不长于大箭头即可(如图1)；

第二步：将大箭头搭放在小箭头上(如图2)；

第三步：大箭头从右侧由内向外穿过环节，大箭头仍保持在右侧(如图3)；

第四步：大箭头再由后向前绕过环节(如图4)；

第五步：再由前到后穿过环节，此时，大箭头保持在左侧(如图5)；

第六步：继续让大箭头绕过整个环节，从右侧环节下方往上穿出(如图6)；

第七步：大箭头从打结处穿过，拉紧完成(如图7)。

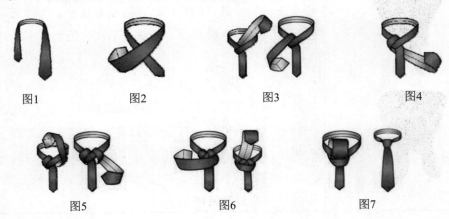

图1　　　　图2　　　　图3　　　　图4

图5　　　　图6　　　　图7

信息页三　**酒店女员工要淡妆上岗**

化妆，是修饰面容的一种方法。在人际交往中，女士化一点淡妆，不仅可以让自己变得更加美丽，增添自信，更是对他人的尊重。

一、化妆的规则

不要当众化妆，应在专用的化妆间进行(更衣室/洗手间)；不要将妆化得过于浓重；当妆面出现残缺时，应及时补妆；应避免借用他人的化妆品。

二、化妆前的准备工作

(1) 洁面，清洁皮肤。

(2) 保湿水或爽肤水，给皮肤补充水分或收缩毛孔。

(3) 精华液，可以是美白、保湿等类型的。

(4) 眼霜，防黑眼圈、祛皱，对眼周进行简单按摩。

(5) 面霜，保湿或控油类面霜，给皮肤补充营养。

(6) 防晒隔离霜，隔离空气中的粉尘、污垢、紫外线等。

(7) 修颜液，调整肤色，偏黄的皮肤可以用淡紫色。

三、工作淡妆的化妆步骤

	**底妆** • 打粉底：完美妆容的关键在于底妆。选择和肤色同色号的粉底液，上轻薄的一层。皮肤不错的女士可以不用粉底液，避免妆面呈现厚重感。整体妆容效果应自然通透 **定妆** • 定妆与画底妆同样重要。先用粉扑蘸取适量的蜜粉，弹去多余的粉末，均匀地按压在肌肤上，再用大号化妆刷刷去多余的粉末。千万不可遗忘眼角、鼻翼、嘴角这些多油脂区域。这不仅仅是为了定妆吸油，更重要的是可起到二次修饰的作用
	**眼影** • 工作淡妆的眼影色彩不宜鲜艳，可选择浅咖啡色系，或是现在流行的大地色系、裸妆系。画眼影可以用无名指指肚，既方便又能够很好地掌握上眼影的力度；指肚的温度可以使眼影更均匀，还可以模糊深浅眼影的分界，使眼妆看上去更加自然

（续表）

	**眼线** ● 在睫毛根部描画眼线。眼线要贴近睫毛根部描画才自然，先用手指撑住眼皮，露出睫毛根部，将睫毛缝隙填满，最后用棉棒整理不够顺滑的部位，同时沿着眼线的边缘慢慢地小范围晕染，让眼线和眼影过渡自然 ● 工作淡妆不画下眼线
	**睫毛** ● 夹睫毛：一般分3部分夹睫毛——睫毛根部、中部、尾部。从睫毛根部夹起，然后向尾部移动，一边移动一边轻夹睫毛 ● 刷睫毛：睫毛刷取出后，先于瓶口刷去多余的睫毛膏，自睫毛根部往外、往上涂，再以"Z"字形方式左右涂
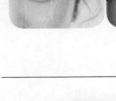	**眉毛** ● 眉头：最佳位置是与鼻翼、眼头对齐成一直线 ● 眉峰：最佳位置是眼睛直视正前方，从鼻翼往黑眼珠外缘向上延伸 ● 眉尾：最佳位置是从鼻翼往眼尾方向向上延伸 ● 眉色：应与自身发色接近 ● 无论使用眉粉还是眉笔，画好后均可用眉刷刷匀，使眉毛看起来更加自然
	**腮红** ● 为避免上色过重，在用腮红刷蘸取腮红后，可轻轻掸掉部分色粉。腮红最简单的画法就是，微笑时以脸颊的最高点为腮红中心，再以打圈或横向涂抹出适合自己脸型的腮红。最后用粉扑轻轻按压腮红，使色彩完全服帖于肌肤，红润的好气色自然透出来
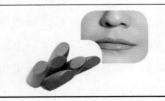	**口红** ● 用口红代替唇彩，因口红颜色要比唇彩颜色更加持久 ● 颜色：口红颜色不宜过于浓烈，可以选择裸色系、桃红色、珊瑚色等淡雅的色彩

信息页四　自我介绍礼仪

　　自我介绍，顾名思义就是把自己介绍给其他人，以使对方认识自己。同时，自我介绍也是向别人展示自己、推销自身形象和价值的一种方法和重要手段。自我介绍好不好，甚至直接关系到给别人第一印象的好坏及以后交往的顺利与否。

　　(1) 要抓住时机，在适当的时间进行自我介绍。介绍的内容要言简意赅，尽可能地节省时间，还可利用名片、介绍信加以辅助。

　　(2) 要注意态度，一定要自然、友善、落落大方、彬彬有礼。要表示出渴望认识对方的真诚情感。需要注意的是，如果有介绍人在场，自我介绍则被视为不礼貌。

　　(3) 作为酒店的代表，无论是自我介绍还是他人介绍，都一定要正确、规范，注意表情、语言、仪态的结合。这不仅是个人知识能力和基本素质的最好体现，也是酒店整体素质的有力呈现。

> **知识链接**　　　　　　　　　　　**他人介绍礼仪**
>
> 　　在人际交往活动中，经常需要在他人之间架起人际关系的桥梁。他人介绍，是经第三者为彼此不相识的双方引见、介绍的一种介绍方式。为他人作介绍时，必须遵守"尊者优先了解情况"的规则。首先要确定双方地位的尊卑，然后先介绍位卑者，后介绍位尊者。根据规则，为他人作介绍时的礼仪顺序大致有以下几种：
>
> 　　(1) 把下级介绍给上级；
>
> 　　(2) 把主人介绍给来宾；
>
> 　　(3) 把男士介绍给女士；
>
> 　　(4) 把晚辈介绍给长辈，年幼者介绍给年长者；
>
> 　　(5) 把家人介绍给同事、朋友；
>
> 　　(6) 把后来者介绍给先到者。

任务单一　礼仪训练

训练项目一：发型设计训练

训练目的：掌握发型设计技巧，熟练操作。

程序及礼仪要求：

(1) 挑选身材高矮不同、脸型不同、头发长短不一的同学到台前，向大家展示；

(2) 5人分成一组，各自选择台上的一位同学为其设计发型，讨论完成；

(3) 选出代表发言；

(4) 同学互评；

(5) 教师点评。

训练项目二：美容化妆训练

训练目的：掌握化妆技巧，熟练操作。

程序及礼仪要求：

(1) 挑选脸型不同、肤色不一的同学到台前，向大家展示；

(2) 5人分成一组，各自选择台上的一位同学为其设计妆容，讨论完成；

(3) 选出代表发言；

(4) 同学互评；

(5) 教师点评。

任务单二　自我介绍训练

如果你是Bruce，请根据所学内容进行机场接机情境展示：向宾客进行自我介绍。

评价 项目	表情流露 (2分)	自我介绍 (3分)	仪容仪表 (3分)	展示内容 (2分)	总分 (10分)	
评价 标准	表情(微笑)和语 言适度结合	时间、态度、内 容、仪态	整体形象、精神 面貌	条理清楚，用语 规范	自 评	互 评
第　　组						
第　　组						
点评小 组记录	优点： 问题：					

任务评价

酒店机场代表迎送服务礼仪

评价 项目	具体要求	评价			建议
		☺	😐	☹	
酒店机场代表 迎送服务礼仪	1. 了解宾客见面礼仪				
	2. 掌握机场代表迎送宾客礼仪				
	3. 能够独立完成迎送服务				
学生自我 评价	1. 准时并有所准备地参加团队工作				
	2. 乐于助人并主动帮助其他成员				
	3. 遵守团队的协议				
	4. 全力以赴参与工作并发挥了积极作用				

(续表)

评价项目	具体要求	评价			
		☺	😐	☹	建议
小组活动评价	1. 团队合作良好，都能礼貌待人				
	2. 工作中彼此信任，互相帮助				
	3. 对团队工作都有所贡献				
	4. 对团队的工作成果满意				
总计		个	个	个	总评

在酒店机场代表迎送服务礼仪的学习中，我的收获是：

任务二 酒店礼宾(门童)迎送服务礼仪

酒店前厅设有专门负责迎送宾客的岗位，主要职责是代表酒店在酒店门口、前厅接待宾客，是宾客来到酒店后见到的第一批员工，称为门童。门童为宾客提供迎送服务，要特别注意礼仪，向宾客表示敬意，随时恭候宾客的光临。

工作情境

Tom作为某五星级大酒店的门童，每天都要在热闹的大厅门前迎来送往大量的宾客。他引导车辆手势规范，为宾客开车门、护顶，并亲切地问候……

具体工作任务

- 掌握迎送宾客服务礼仪；
- 掌握开关车门服务礼仪；
- 完成任务单中各项服务礼仪的案例分析及处理。

活动一 迎送宾客服务礼仪

酒店应该努力为宾客营造一种"宾至如归"的氛围。门童代表酒店的形象，要站有站相、坐有坐相，工作中的各种姿态都要符合规范。宾客来到酒店，第一眼看到的就是迎宾的门童。下面我们就来进行站姿礼仪训练，做一名站姿挺拔、气宇轩昂的门童吧！

信息页一　站姿礼仪

　　良好的站姿会给人以精力充沛、信心十足、积极向上的印象，还能够给周围人带来蓬勃的朝气，更可以体现出酒店员工良好的素质及形象。

标准站姿

- 头部：头正，双目平视，下颌微收
- 双肩：双肩展开，放松、稍向下沉，呼吸自然
- 上身：收腹、立腰，上身挺直，身体有向上的感觉，双臂自然下垂，处于身体两侧，手指自然弯曲
- 双腿：立正，双腿并拢，两脚后跟靠紧，脚尖分开呈"V"形，两脚尖距离约一拳左右的宽度

服务站姿

- 服务站姿1：此站姿无论男士还是女士均可采用。在标准站姿的基础上，双手相握，右手搭在左手上，大拇指交叉放于掌心内，自然垂放于体前(或腹部)。眼睛平视前方，面带微笑，显示出彬彬有礼的姿态
- 服务站姿2：此站姿只适用于男士，且与宾客交谈时不可使用。将相握的双手置于背后，双臂肘关节内侧与腰间距离约一拳，双脚平行分开，分开宽度以一个脚长为宜，双脚不可呈"八"字形
- 在迎送宾客时，站姿要规范。当采用站姿与宾客交谈时，要掌握好与宾客的安全距离，一般保持在50～70cm，不要过近或过远
- 工作时段，不能出现身斜体歪、弯腰驼背、两腿交叉、倚桌靠墙、双腿弯曲或不停颤抖、双手叉腰或插兜、双臂交叉抱于前胸等不雅和失礼的姿态，这些都会破坏自己的形象，甚至破坏酒店形象

信息页二　致意礼仪

　　致意是用行为向别人表示问候，是最常用且最简单的礼节。致意的种类有很多，比如点头致意、欠身致意、挥手致意等。致意能够拉近酒店员工与宾客的距离，表达对宾客的

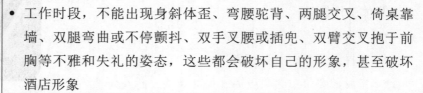

友善、敬意、诚意、歉意。

(1) 目视宾客，面带真诚的微笑。

(2) 欠身致意：在标准站姿的基础上，以髋关节为轴，上身前倾约15°，头、颈、背应保持在一条直线上。

(3) 点头致意：在标准站姿的基础上，头部微向下，轻轻点头。

(4) 挥手致意：在标准站姿的基础上，伸出右手，手指与头顶高度保持水平，自然挥动2～3次，挥动速度要适中。

信息页三　问候礼仪

门童与宾客见面时要主动问候，虽然只是打招呼、寒暄或是简单的三言两语，却代表着对宾客的尊重。问候礼仪需要注意以下几个方面。

(1) 宾客抵达酒店时，门童应微笑着为宾客打开车门，向宾客表示欢迎。

(2) 要向宾客点头致意或欠身致意，用规范的问候语，如"欢迎光临"等，问候宾客时要主动、热情、大方。

(3) 对重要宾客或常客要准确礼貌地尊称其姓氏，住店宾客进出酒店同样要热情招呼致意。

任务单　礼仪训练

训练项目：站姿礼仪训练

训练目的：使学生的站姿挺拔、舒展大方。

训练程序及礼仪要求：

(1) 背靠墙训练：要求头正肩平，脚跟、小腿、臀部、双肩、后脑都紧贴墙站立，全身上下处于紧绷状态，训练站立动作的持久性。

(2) 两人背靠背训练：脚跟、小腿、臀部、双肩、后脑彼此贴紧，在两人小腿和背部各夹一张纸，要求纸不能滑落，训练站立动作的稳定性。

(3) 顶书训练：头顶书本、小腿夹纸，脖子挺直，训练站立动作的挺拔性。

(4) 对镜训练：检查自己的站姿整体是否协调，要求面带微笑。

活动二　开关车门服务礼仪

门童在指挥酒店门口来往车辆的同时，要为乘车来到酒店的宾客提供开关车门、护顶、协助行李员搬运行李、指示前台方向等服务，在服务过程中的礼节礼貌非常重要。

信息页一　手势礼仪

手势是人们在交往或谈话过程中用来传递信息的各种手部动作。在长期的社会实践过程中，手势被赋予了种种特定的含义，具有丰富的表现力，在体态语言中占有重要地位。作为一名酒店门童，要用规范标准的手势为宾客提供礼仪服务。

- 基本规范：五指并拢，掌心向斜上方，手掌与地面呈135°；手与小臂成一条直线，大臂小臂之间呈130°；注意表情、站姿、致意、语言和手势的配合
- 指示方向：以右手做动作为例，以肩关节为轴，右手向斜前方抬起，指向目标方向
- 请进手势：以右手做动作为例，右手向右展开到体侧，肘关节与腰间距离约两拳，上身略前倾，面带微笑，目视宾客
- 请坐手势：以右手做动作为例，右手规范手势指向椅面，上身略前倾，面带微笑，目视宾客

信息页二　开关车门礼仪

开关车门是门童为宾客提供的重要礼宾服务之一，掌握开关车门礼仪是门童需要具备的基本素养。

- 车辆到店时，门童要热情迎上，使用规范手势引导车辆停妥
- 车停稳后，门童站在车朝向大门一侧的前、后门中间，准备开门。如果是出租车，等候宾客付完车费再拉开车门
- 门童应目视宾客，面带微笑为宾客开车门，欠身致意，向宾客表示问候，迎接宾客下车
- 护顶礼仪。用左手拉开车门，右手挡在车门上沿，为宾客护顶，防止宾客下车时碰伤头部，并提醒宾客"小心碰头"。需要注意的是，不能为信奉佛教、伊斯兰教的宾客护顶
- 开关车门要小心，勿碰宾客手脚，扶老携幼
- 宾客下车后，用规范手势为宾客引路

知识链接

轿车的座次

按照国际惯例：

当司机开车时，轿车座次遵循的规则是：以右为尊，后排为上。

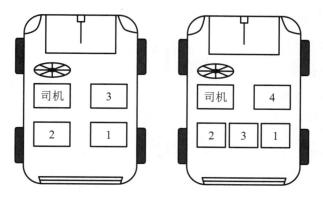

当主人开车时，轿车座次遵循的规则是：以右为尊，前排为上。

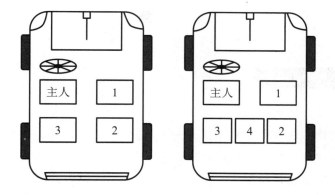

任务单一 案例欣赏

　　法国巴黎旺都广场上的里兹大酒店是一家在西欧诸国家喻户晓的酒店。一个阳光明媚的午后，一辆崭新的出租车停在了里兹大酒店的门口，门童马修先生立刻上前为宾客打开了车门。

　　马修先生每天都要去几次前厅的客房预订处了解宾客情况，此时虽未与宾客见面，但是他已经估计出来客是谁了。他有惊人的记忆力，即使是仅仅听说过一次的宾客，也能印在脑海里。在宾客从出租车上走下来的同时，马修先生立刻用最快的速度将出租车的号码和宾客携带行李的件数记在记事本上。

　　巴黎约有145 000辆出租车，如果宾客有行李落在了出租车上，没有比根据记事本上的号码找到出租车更方便的了；记下出租车上取下的行李件数的目的在于，当宾客发现缺少了东西时，可通过记事本立刻弄明白行李究竟是丢失在了酒店还是别的什么地方。

里兹大酒店正是依靠包括马修先生在内的全部优秀员工的聪明才智和他们对酒店的一片忠诚，才得以在竞争异常激烈的巴黎酒店业中始终保持领先地位。

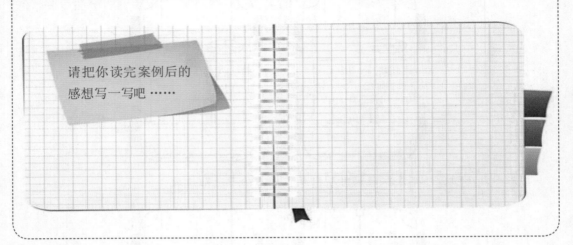

请把你读完案例后的
感想写一写吧⋯⋯

任务单二　情境模拟

根据所学内容，完成单元工作情境：Tom作为某五星级大酒店的门童，每天都要在热闹的大厅门前迎来送往大量的宾客。一位宾客乘车抵达酒店，Tom用手势示意，引导司机将车停在方便宾客进入酒店且不影响交通的位置。他迅速稳健地来到车前，规范地开车门、护顶，并亲切地问候⋯⋯宾客看到Tom面带微笑、精明能干，酒店出入人员井然有序，暗自赞许酒店的服务到位。

评价项目	情境展示 (4分)	手势示意 (2分)	注意细节 (2分)	表情流露 (2分)	总分 (10分)	
评价标准	情境安排合情合理，设置符合岗位要求	手势规范，有护顶动作	车门开启到位，针对宾客情况分别处理	面带微笑，问候致意	自评	互评
第　组						
第　组						
点评小组记录	优点： 问题：					

活动三 送别宾客及其他服务礼仪

门童服务礼仪除了要重视礼仪形象外，还应重视礼仪内涵，通过为宾客提供各项礼仪服务，满足宾客的受尊重需求，让宾客乘兴而来，满意而归。

信息页一　送别宾客服务礼仪

(1) 宾客离开酒店时，门童应当主动欠身致意或点头致意，对暂时离开的宾客应说"一会儿见"，对结账离开的宾客应说"祝您一路平安，欢迎您再次光临"。

(2) 宾客离开酒店时，门童应当负责叫车，引导车辆停靠在方便宾客上车和装运行李之处，或是把宾客的车开到方便上车的地方。宾客如有行李，门童或行李员应礼貌地请宾客核实行李数量。

(3) 等车停稳后，门童站在适当的位置，拉开车门约70°角，请宾客上车，并视具体情况为宾客护顶。等宾客坐稳后，轻轻关上车门，不可用力过猛，不可夹住宾客的手脚、衣物等。并祝宾客"旅途愉快"，欢迎宾客下次再来。

(4) 面带笑容，挥手向宾客告别，可以说："谢谢您的光临，欢迎您再来！""一路顺风！"目送宾客随车离去，待宾客淡出视线后再转身离开。

信息页二　其他服务礼仪

(1) 酒店大门如非自动门或旋转门，宾客到店时，门童应当为宾客开启大门，将宾客迎进酒店大堂。一般情况下，门童应当站在离门1～1.2m处，拉门时向前迈一步，同时要欠身15°左右，伸手打开门后退回到原处，目视宾客，结合"请进"的手势，面带微笑地向宾客打招呼。

(2) 如逢雨雪天气，宾客到店时门童应主动撑伞迎接，以免宾客被淋湿。宾客进入大堂前，门童应当提醒宾客在脚垫上蹭干鞋底，以免滑倒。

(3) 宾客随身携带雨具，门童应当主动帮助宾客将其存放在专设的伞架上，或递上塑料袋将伞装好。面对宾客的提问，门童应当仔细倾听并立即作出回答。若对询问事项不了解，应指引宾客去总服务台咨询，切忌一知半解、不懂装懂。

⚙️ 任务单　礼仪训练

训练项目：门童送客服务礼仪训练

训练目的：将学生分两组，分别扮演酒店宾客及门童，通过模拟练习使学生掌握门童送客服务礼仪，令宾客满意而归。

程序及礼仪要求：

(1) 打手势，将车停到合适的位置。

(2) 为宾客拉开车门，请宾客上车，护顶。

(3) 向宾客致谢、热情道别："×先生，感谢您的光临！期盼着能早日再次见到您。""祝您旅途愉快！再见！"

(4) 待宾客坐稳后，将车门轻轻关上。

(5) 汽车启动，挥手告别，目送汽车远去。

📖 知识链接　　　　　　　**不同手势的含义**

古罗马政治家西塞罗曾说："一切心理活动都伴有指手画脚等动作。手势恰如人体的一种语言，这种语言甚至连野蛮人都能理解。"手势作为仪态的重要组成部分，要正确地使用。

在不同国家、不同地区、不同民族，由于文化习俗的不同，手势的含义也有很大差别，甚至同一手势表达的含义也不相同。所以，只有合乎规范地运用手势，才不至于闹出笑话。

一、"OK"形手势

拇指、食指相接成环形，其余3指伸直或略屈，掌心向外，指尖向上的手势。这种手势在美国、英国和我国表示"赞同、了不起、顺利"的意思；在法国表示"零"或"没有"；在泰国表示"没问题"或"请便"；在韩国、日本、缅甸表示"金钱"；在印度表示"正确""不错"；在突尼斯表示"傻瓜"；在巴西、希腊、独联体各国，表示对他人的咒骂和侮辱。

二、举大拇指的手势

右手或左手握拳，伸出大拇指，指尖向上，拇指指肚要朝向他人。如果拇指指肚朝向自己，表示自高自大。这种手势在我国和其他一些国家一般都表示"好""了不起""一切顺利"等，有赞赏、夸奖之意；在意大利，伸出手指数数时表示"一"；在希腊，拇指上伸表示"够了"，拇指下伸表示"厌恶""坏蛋"；在美国、英国和澳大利亚等国，拇指上伸表示"好""行""不错"，拇指左、右伸则大多是向司机示意搭车方向。

三、"Ⅴ"形手势

掌心向外,拇指按住无名指和小指,食指和中指伸开成"Ⅴ"形,指尖向上的手势。这个手势在世界上的大多数国家表示数字"二";同时,它也表示胜利(Victory),是第二次世界大战时期英国首相丘吉尔发明的,现已传遍世界。要注意的是,表示胜利时,掌心向外,如果掌心向内,有贬低、侮辱他人的意思。

四、举食指的手势

左手或右手握拳,伸直食指,在世界上多数国家表示数字"一";在法国表示"请求提问";在新加坡表示"最重要";在澳大利亚则表示"请再来一杯啤酒"。

仪态中动作最多、变化最多的就是手势,它是非常引人注意的,也许仅仅一个拿茶杯或者打招呼的手势,就可以影响他人对你的印象。

任务评价

酒店礼宾(门童)迎送服务礼仪

评价项目	具体要求	评价			建议
		☺	😐	☹	
酒店礼宾(门童)迎送服务礼仪	1. 了解门童迎客服务礼仪				
	2. 掌握门童开关车门服务礼仪				
	3. 了解门童送别宾客及其他服务礼仪				
	4. 能够独立完成门童迎送服务				
学生自我评价	1. 准时并有所准备地参加团队工作				
	2. 乐于助人并主动帮助其他成员				
	3. 遵守团队的协议				
	4. 全力以赴参与工作并发挥了积极作用				
小组活动评价	1. 团队合作良好,都能礼貌待人				
	2. 工作中彼此信任,互相帮助				
	3. 对团队工作都有所贡献				
	4. 对团队的工作成果满意				
总计		个	个	个	总评

在酒店礼宾(门童)迎送服务礼仪的学习中,我的收获是:

酒店礼宾(行李员)服务礼仪

行李员作为酒店迎送宾客的岗位之一，随时准备为宾客提供迅速友善的行李服务。行李员一般负责将宾客的行李从酒店大门口送到宾客房间，或将宾客房间的行李送到酒店门口或车上。服务过程中，行李员应主动、热情、勤快、彬彬有礼。

工 作 情 境

在某五星级大酒店，礼宾部行李员Tony面带微笑地站立在大门一侧，留意着出入酒店的宾客。这时，门外有宾客乘车抵达酒店，Tony看到门童手势示意，迅速来到车前，亲切地问候宾客，着手行李服务。

具体工作任务

- 掌握行李员迎送宾客礼仪；
- 完成任务单中各项服务礼仪的案例分析及处理。

活动一 行李员基本服务礼仪

信息页一 行姿

"行如风"指的是人们行走时像风一样轻盈。行姿是站姿的延续动作，是在站的基础上展示人的动态美。行走往往是最引人注目的身体语言，一个人的行姿往往能折射出其内在，也能表现其风度和活力。行姿是酒店行李员的基本功，在与宾客同行时，要处处体现对宾客的尊重和礼遇。

正确的行姿，能增添自信；不良的行姿，会给人留下不好的印象。因此，酒店行李员要时刻注意自己行走中的姿态，要协调利落、有节奏感，具体礼仪要求如下。

	行姿要求
	• 基本要点：抬头挺胸，上身挺直，收腹提气，目视前方，双肩端平，双臂自然摆动，手指自然弯曲，身体中心略微前倾 • 注意步伐的协调和韵律感。步幅大小以一个脚长的距离为宜，步速适中，脚步不可过重、过急 • 女士：行走时轨迹为一条线，即两脚内侧在一条直线上，双膝内侧相碰 • 男士：行走时轨迹为两条线，即两脚内侧在两条直线上
	行姿禁忌 • 方向不定：行走时方向要明确，不可忽左忽右、变化多端 • 瞻前顾后：行走时不应左顾右盼、左右摇晃 • 速度多变：行走时不可忽快忽慢、突然快步奔跑或突然止步不前 • 声响过大：行走时用力过猛、鞋底蹭地等制造声响都是不良行姿 • 八字步态：行走时两脚脚尖向内侧或外侧构成"内八字"或"外八字"，都是不正确的步态

信息页二　引领礼仪

引领，即为宾客指示行进的方向，并陪同宾客一同前往目的地。

(1) 引领宾客时，遵循国际惯例"以右为尊"，要站在宾客的左前方两三步的位置，使宾客靠后、居右。

(2) 引领时，应侧身完成宾客的引领，不能背对宾客，要注意使用规范手势。

(3) 行至拐角、楼梯、路况不好的地段，应提前轻声提醒宾客。

(4) 引领时的行走步速，要根据宾客步速的变化而变化。

?⁻ 任务单　礼仪训练

训练项目：行姿礼仪训练

训练目的：先进行站姿训练，掌握站姿规范；后将学生每3人分成一组，分别扮演宾客及门童，通过模拟宾客进出场景，使学生掌握规范的行姿礼仪规范。

程序及礼仪要求：

(1) 基本要求：双眼平视，手臂放松，挺胸收腹，收髋提膝，双手自然摆动，步幅以一个脚长为宜，行走稳定；

(2) 进行前行步、侧行步、后退步和平衡性练习；

(3) 陪同宾客行走：行李员走在宾客的左侧位置，接近门口时，行李员快步上前打开门，请宾客先行。

活动二▶ 行李员迎送服务礼仪

行李服务是礼宾部为宾客提供的便利服务，宾客抵店和离店需要行李员为其提供提拿、托运行李，引领介绍、回答咨询等服务。行李员在为宾客提供迎送服务时，要姿态端庄、操作规范、彬彬有礼，使宾客感受到春风般的温暖和真诚的接待。

信息页一　迎接宾客礼仪

(1) 宾客到店时，热情相迎，微笑问候，帮助提拿行李，并与宾客确认行李件数。推车装运行李时要轻拿轻放。若宾客坚持自携行李，则不要强行接提。

(2) 宾客办理入住手续时，应当在宾客身后两三步处侍立等候，照看行李并随时接受宾客吩咐。入住手续办完后，主动上前领取房门钥匙，引领宾客至房间。

(3) 引领宾客时，走在宾客左前方两三步处，随着宾客迈步的频率前进。拐角处或人多时，要提示宾客。引领过程中可向宾客介绍酒店设施及服务项目。

信息页二　搭乘电梯礼仪

行李员在使用电梯为宾客提供行李服务时，要注意搭乘电梯礼仪，主动、周到、安全。

- 到达电梯口时，行李员放下行李，按住电梯按钮，等候电梯门打开，用手挡住电梯门并使其保持敞开状态，用规范手势示意宾客乘梯，行李员提行李后进，关电梯门后按楼层键
- 在电梯厢内，行李员应当靠边侧站立，面对或斜对宾客，将行李放置在边侧不妨碍其他宾客的地方。中途有其他宾客搭乘电梯时，应礼貌问候
- 出电梯时，行李员在电梯厢内用手按住电梯按钮，使门保持敞开状态，用规范手势示意，请宾客先行，然后提行李跟随
- 如果使用行李车，行李员应先将行李车推出，然后站在电梯外按住按钮，使电梯门保持敞开状态，用规范手势示意，请宾客出电梯

信息页三 送别宾客的行李服务礼仪

送别宾客是酒店服务的最后一个环节，同样十分重要。酒店行李员及其他酒店员工都应该对送客有充分的认识，并引起足够的重视。

- 站立于大门两侧及行李柜台边的行李员见大厅内有宾客携行李离店，应主动上前帮助提拿，并送宾客上车
- 接到出行李的通知后，行李员应记清房号、宾客姓名、行李件数及搬运时间，在规定时间内推车走行李通道，乘行李电梯至宾客房间
- 行李员进入房间搬运行李时，无论房门是关着还是开着，均要按门铃或用手指敲门通报，征得宾客同意后方可入房提取行李，并与宾客共同清点行李件数，检查行李破损情况，小心提拿并安全地运送到车上
- 放好行李后，要立即向宾客作好物品交代，并欠身致意感谢宾客的光顾，致告别语
- 如了解到宾客离店而未付账，在帮宾客运行李时，应礼貌告知宾客结账处的位置，并在宾客离店时，提醒宾客交回钥匙，向宾客道谢，祝宾客旅途愉快

任务单一　案例欣赏

　　某日早晨，北京某酒店行李员Tony值班时见到一位宾客到店，便立刻上前帮宾客提行李，但由于宾客行李过重，Tony用力不当，造成行李箱拉杆损坏。宾客见状，感到很是倒霉，随即闷闷不乐地去办理入住手续。Tony觉得非常抱歉，他将宾客的行李送入房间，礼貌地向宾客致歉后离开。

　　晚上，当宾客回到房间时，在行李架上发现了一个同样品牌的行李箱和一封行李员Tony写的道歉信。宾客非常感动，于是连夜写了一封表扬信，呈送给总经理给予表彰，表示今后公司员工来京出差一定首选该酒店。

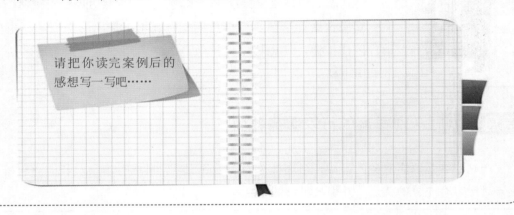

请把你读完案例后的感想写一写吧……

任务单二　情境练习

　　有3位男性宾客乘车到达酒店，行李员为其提供行李服务，应注意哪些礼仪？如果其中有一位行动不便的宾客，又该如何服务？

服务细节：

活动三 行李员引领宾客进房服务礼仪

行李员是酒店接待宾客的重要角色，通常为宾客提供送行李到客房的服务。在服务过程中，要亲切自然、不急不躁，可以适当与宾客交谈或回答宾客的问题，不可引起宾客反感。

信息页一 进出客房礼仪

引领宾客到达客房后

- 到达客房时，先放下行李。进入客房前，按门铃或敲门，如房内无应答，再开门进房
- 打开房门后，应先接通电源总开关，确认房内无异样后，退到房门一侧，将房卡交给宾客，请宾客先进入房间
- 如果发现房内有宾客的行李、杂物或房间还未收拾整洁，应立即退出，并向宾客解释清楚，然后与楼层服务台和总台接待处联系
- 随宾客进入房间后，把行李放在行李架上或按照宾客吩咐将行李放好。放置行李时，应正面朝上，提手朝外，方便宾客打开箱子
- 放好行李后，不要立即转身离开，应当让宾客确认行李的数量和完好状态
- 离开房间时，微笑向宾客告别，并能用姓氏加尊称称呼宾客。面对宾客后退一两步，自然转身，轻轻关上房门

进出客房须知

- 用食指或中指第二关节轻敲房门3下，时间节奏约为半秒。敲门的同时报身份，吐字清晰、音量适宜
- 站立在房门外正中位置，距离房门适当距离处，目光平视开门线，等候宾客开门。宾客打开房门后，主动欠身微笑问候宾客
- 进入客房时，不要关闭房门，半掩房门较为适宜
- 与宾客交谈时，选择适宜的站位，站姿规范，表情自然，目视宾客，不可东张西望
- 工作完毕，退至客房门口，面对宾客退出客房，轻轻关上房门

信息页二 介绍客房设施礼仪

(1) 进房间前，要简短地向宾客介绍紧急出口及宾客房间在酒店的位置。

(2) 向宾客简要介绍电视、电话、空调、床头灯开关、客房小酒吧、卫生间内设施及电源等的使用方法，告知宾客写字台上有酒店服务指南，以方便宾客更多地了解酒店服务信息。

(3) 对常客只需介绍客房新增的设备和服务项目即可。

(4) 介绍设备和操作方法时，应当依次介绍。介绍时，目光与宾客友善接触，显示真诚。不能用手指指点点，要用规范手势进行介绍。

(5) 介绍完毕，询问宾客是否还有其他需求。如果没有，祝愿宾客居住愉快，面对客人退至客房门口，轻轻将房门关上。

(6) 若宾客提出其他要求，应尽量满足。若自己无法办到，不要马上拒绝宾客，应联系领班或其他负责人予以解决。

?? 任务单 案例分析

案例分析一：礼宾部行李员Tony在为入住1208的宾客提供了行李服务后，宾客拿出一瓶水递给Tony表示感谢。如果你是Tony，该如何处理？

处理办法：

_____

_____

_____

案例分析二：礼宾部行李员Tony在为入住1208的宾客介绍客房设施时，宾客打断了他的话，说："知道了。"但Tony还是接着介绍，这时，宾客有些不悦地从钱包内拿出10元钱，塞入Tony的手中，说："行了。"

(1) Tony的服务是否合适：合适_____ 不合适_____(请把☺或☹填入横线)

(2) 如果你是Tony，此时该如何处理？

处理办法：

_____

_____

_____

任务评价

酒店礼宾(行李员)服务礼仪

评价项目	具体要求	评价			建议
		☺	😐	☹	
酒店礼宾(行李员)服务礼仪	了解行李员基本服务礼仪				
	掌握行李员迎送服务礼仪				
	掌握行李员引领宾客进客房礼仪				
	能够独立完成行李员服务工作				
学生自我评价	准时并有所准备地参加团队工作				
	乐于助人并主动帮助其他成员				
	遵守团队的协议				
	全力以赴参与工作并发挥了积极作用				
小组活动评价	团队合作良好，都能礼貌待人				
	工作中彼此信任，互相帮助				
	对团队工作都有所贡献				
	对团队的工作成果满意				
总计		个	个	个	总评

在酒店礼宾(行李员)服务礼仪的学习中，我的收获是：

前台服务礼仪

前台是酒店树立对外形象的窗口。酒店的整体服务质量、服务水平都能在前台得到集中体现。前台服务质量的好坏，将直接影响宾客对酒店的整体印象与评价。

前台服务礼仪是酒店在为宾客办理预订、入住登记、离店结账、提供问讯、行李寄存等各项服务工作中形成的礼仪规范和准则，是衡量前台服务水平优劣的重要依据。本单元我们将一起来学习前台预订服务礼仪、前台接待服务礼仪、前台投诉处理服务礼仪、商务中心服务礼仪和总机服务礼仪等内容。

课程思政元素：

总体要求：在前台服务礼仪学习和训练中要坚持敬业、精益、专注、创新。

岗位要求：在前台礼仪服务中要注重礼貌、真诚、细致、认真、准确、自觉。

暖心服务，做善观察、肯奉献的酒店人！

——致学习中的你

前台预订服务礼仪

为了避免遇到酒店客满的情况，越来越多的宾客在出行前会进行客房预订，以便能在抵达酒店时住上自己满意的客房。在与宾客短暂的沟通中，酒店前台应礼貌热情、真心诚意地满足宾客的各种需求，用心、用情赢得宾客的信任，愉快地完成每次预订任务。

工作情境

12月的海南，花香满径，怡人的风光、如春的温暖、满眼的翠绿，令人陶醉。海南的魅力吸引了不同地域的宾客，各家酒店都进入经营的旺季。某酒店前台非常繁忙，宾客们围在前台，电话也响个不停，有的要预订客房，有的想变更预订，每位前台接待员都在为宾客提供着热情周到的服务。

具体工作任务

- 掌握客房预订服务礼仪；
- 掌握客房推销服务礼仪；
- 完成任务单中各项服务礼仪的案例分析及处理。

活动一 客房预订服务礼仪

客房预订在酒店服务中具有重要的地位，它既可以让酒店提前知道宾客的信息，有利于提前做好服务准备，同时还可以预知酒店的出租情况。为方便宾客预订，酒店一般会提供多种预订方式，宾客可以通过面谈、电话、传真、互联网等方式来预订客房。前台负责预订的员工要掌握本地域和城市的相关信息与资源，具备良好的服务意识和娴熟的专业技能，能迅速、准确地理解宾客的要求，有针对性地为宾客提供预订服务。

信息页一 面谈预订服务礼仪

- 面对亲自到酒店进行预订的宾客，要面带真诚的微笑，主动、礼貌、亲切地问候宾客，注意表情、姿态和语言的结合；了解宾客的订房需求，特别是一些细节要求
- 根据宾客的需求为其推荐适合的客房类型，并准确报出房价
- 在宾客选定客房类型之后，帮助宾客落实订房，做好相关记录，填好预订单，并复述宾客的各项要求，让宾客最后确认
- 请宾客留下比较方便的联系方式，预订完成后应向宾客表示感谢，并礼貌友好地告别
- 在整个服务过程中一定要做到：礼貌、热情、周到

信息页二　电话预订服务礼仪

宾客通过电话预订酒店客房的这种方式应用较为广泛。受理电话预订时应运用接听电话礼仪，完美地帮助宾客完成预订任务。

- 按接听电话礼仪接听电话(见本单元的任务五)
- 安排、确认宾客预订
- 听不清宾客讲话或宾客讲话语速过快时，可以委婉地请宾客复述，切忌凭主观想象随意回答
- 完成预订后，向宾客致谢，并表示恭候光临。确认宾客已完成通话后再轻轻挂断电话

信息页三　传真预订服务礼仪

有的宾客会采用传真预订的方式来预订客房。这样的好处是，酒店可以获悉宾客的正式书面预订信息，宾客可以获取酒店的书面确认，对双方都具有约束力。

- 当收到宾客的传真预订时，应及时核对客房状况，并及时回复
- 回复的传真应按照办公礼仪的格式要求书写，使用谦词，对宾客使用尊称，用宾客容易识别的字体
- 如能满足宾客的要求，有其所需要的房间类型，应予以确认并用真诚的语言表示感谢，并表示恭候宾客的光临
- 如不能满足宾客的预订要求，则应向宾客表示歉意并提出建设性意见，用建议替代拒绝，并感谢宾客对酒店的选择，最后表示希望宾客能够再次光临

信息页四　网络预订服务礼仪

随着电子商务的普及，网络预订已成为酒店客房预订的主要方式之一。可以通过携程、酒店官网、微信等媒介进行预订。当宾客使用网络预订时，应及时回复，以表示对宾客的尊重；应遵循相应的礼仪规范用语，如发送电子邮件时，应注意书写格式，使用谦词，对宾客使用尊称；在发送之前应杀毒，使用与宾客同样的文件类型或通用类型，以便于宾客查阅。

任务单一 案例欣赏

　　盛夏，正值旅游旺季，某五星级酒店客房经常爆满。这时一位吴先生打电话要求预订4间标准间，并需将房间保留到11点。前台接待员Tony查看了房态，正好有宾客需要的房间，就接受了此预订。由于是旅游旺季，其间来了许多宾客，但由于没有房间，Tony都婉言拒绝了。距吴先生预订约好的时间还有几分钟的时候，又来了一批宾客要求住店。看到眼前着急的宾客，Tony看了看时间，心想也许吴先生不会来了，于是就把那4间房租出去了。可就在这时，吴先生带着朋友来到前台，要求入住。此时，酒店已经客满。当Tony把情况如实地告诉吴先生后，吴先生愤怒地大声指责酒店不讲信誉，明明还没到预订时间却把客房给了别人，要求Tony给予解决，否则将投诉。

　　阅读后感想：

_____

_____

_____

任务单二 礼仪训练

　　训练项目：散客电话预订客房的服务礼仪训练

　　训练目的：将学生每2人分成一组，分别扮演电话预订宾客及预订员，通过模拟练习掌握电话预订客房的服务礼仪，完成预订任务；评选出"最优预订员"。

　　程序及礼仪要求：

　　(1) 请学生自行安排电话预订情境；

　　(2) 接听电话——问候宾客——询问宾客预订要求——推销客房——询问宾客姓名等资料——询问付款方式——询问有无特殊要求——复述预订内容——完成预订；

　　(3) 教师巡视、指导、集体讲评；

　　(4) 评出"最优预订员"。

活动二 客房推销服务礼仪

　　无论是亲自到酒店预订还是通过电话等方式预订，宾客对酒店的了解和对产品质量的判断都是从前台接待员的仪容仪表和言谈举止开始的。因此，前台接待员必须面带微笑，以端正的站姿、热情的态度、礼貌的语言、快捷规范的服务，来迎接每一位客人。

　　预订员不仅要接受宾客预订、安排客房，还要善于推销客房及酒店的其他产品，以最大限度地提高客房的出租率，增加综合销售收入。

信息页　客房推销服务礼仪

　　推销客房，要求酒店前台的工作人员应相当熟悉酒店，并善于观察和分析宾客的消费心理，区别不同对象，恰到好处地为宾客安排房间，这样既照顾了酒店的利益，又满足了宾客的需求，令双方都满意。

　　(1) 把握宾客的特点。前台接待员要针对宾客的衣着打扮、言谈举止以及随行人数等信息把握宾客的特点，进而做好有针对性的销售。

　　(2) 保持眼神接触。微笑迎接宾客，并与宾客保持眼神交流。

　　(3) 礼貌称呼宾客的姓氏。

　　(4) 推销语言艺术。与宾客进行交谈时，表达要热情，但切忌过分热情，语气要充满自信，语调要和缓，避免语速过快或过慢及出现口头禅。接待宾客时，说话不仅要有礼貌，而且要讲究艺术性。比如，可以说："您运气真好，我们恰好还有一间漂亮的单人房！"而不能说："单人房就剩这一间了，您要不要？"

　　(5) 坚持正面介绍，强调宾客受益。接待员在介绍不同的房间以供宾客比较时，要着重介绍各类型客房的特点、优势，给宾客带来的方便和好处，并指出它们的不同。

　　(6) 多提建议。当宾客犹豫不决时，可以多提建议，有针对性地向宾客介绍各类客房的特点，以消除其疑虑。

　　(7) 给宾客进行比较的机会。根据宾客的特点，前台服务员可向宾客推荐两种或三种不同房型、价格的客房，让宾客自己选择。

　　(8) 从高到低报价。在推销客房的过程中，不可避免要谈到房价，这也需要一定的技巧。一般来说，报房价由较高价格到较低价格比较适宜。例如：可以说"靠近湖边新装修的客房是328元""进出方便，别墅式的客房是198元""环境安静、景色优美、在4楼的客房是168元"，然后询问宾客的选择。

　　(9) 尊重宾客的选择。

　　(10) 真诚致谢，快速办理入住，缩短宾客等候时间。

任务单一　案例赏析：巧妙推销豪华套房

　　某天，北京某五星级酒店前厅部的客房预订员Tony接到一位美国宾客从上海打来的长途电话，想预订两间每天收费在150美元左右的标准双人客房，5天以后开始住店。

　　Tony马上翻阅了一下订房记录表，回答宾客说由于5天以后酒店要接待一个大型国际会议的多名代表，标准间已经全部订满了。Tony讲到这里并未就此把电话挂断，而是继续用关心的口吻说："您是否可以推迟两天来，或者直接电话联系一下北京××酒店如何？"

美国宾客说："我们对北京不熟悉，你们酒店比较有名气，还是希望你给想想办法。"

为了不让宾客失望，Tony接着用商量的口气说："感谢您对我们酒店的信任，我们非常希望能够接待您。请不要着急，我很乐意为您效劳。我建议您和朋友准时前来北京，先住两天我们酒店内的豪华套房，每套每天收费280美元，在套房内可以眺望优美景色，室内有红木家具和古玩摆饰，提供的服务也是上乘的，相信您入住后会满意的。"

Tony讲到这里故意停顿了一下，以便等等宾客的回话。对方沉默了一些时间，似乎有些犹豫不决，Tony于是开口说："您是在考虑房金的高低，以及这种套房是否物有所值吗？请问您什么时候、乘哪次班机来北京呢？我们可以派车到机场去接您，到店以后我再陪您和您的朋友参观一下套房，那时再决定也不迟。"

美国宾客听后，倒有些情面难却，最终决定先预订两天的豪华套房。

请分析一下Tony在进行客房推销时是怎样成功的？

我的分析是：

_____

_____

_____

🔔 任务单二　你来处理一下吧

有一位宾客打电话过来，向预订员Tony预订一间海景标准间，住店时间是5月1日—5月3日。Tony发现5月1日当天的海景标准间已经全部预订完了，只剩下2间大床间的海景房。

现在，请你帮助Tony来处理一下吧！

处理办法：

_____

_____

_____

任务评价

前台预订服务礼仪

评价项目	具体要求	评价			建议
		😊	😐	😞	
前台预订服务礼仪	1. 掌握客房预订服务礼仪				
	2. 掌握客房推销服务礼仪				
	3. 能够独立完成预订服务工作				
学生自我评价	1. 准时并有所准备地参加团队工作				
	2. 乐于助人并主动帮助其他成员				
	3. 遵守团队的协议				
	4. 全力以赴参与工作并发挥了积极作用				
小组活动评价	1. 团队合作良好，都能礼貌待人				
	2. 工作中彼此信任，互相帮助				
	3. 对团队工作都有所贡献				
	4. 对团队的工作成果满意				
总计		个	个	个	总评

在前台预订服务礼仪的学习中，我的收获是：

任务二 前台接待服务礼仪

酒店前台是酒店的门面，其服务的好坏是宾客对酒店最直接的一个判断和评价。酒店前台接待员应该是服务素养高、精通前台服务业务的人员，其直接为宾客提供帮助，以使宾客的工作或旅行更加顺利愉快。

工作情境

酒店前台处人来人往，前台服务员用甜美的微笑、得体的举止、礼貌温馨的言语，忙碌地接待着来自四面八方不同类型的宾客，有的要办理登记入住，有的正准备结账离店，还有的在咨询各种相关问题，前台工作正有条不紊地进行着。

具体工作任务

- 掌握登记入住服务礼仪;
- 掌握解答问讯服务礼仪;
- 掌握离店结账服务礼仪;
- 完成任务单中各项服务礼仪的案例分析及处理。

活动一 登记入住服务礼仪

为宾客办理登记入住是前台对客服务的关键阶段,是宾客亲临酒店感受到正规服务的开始。抵达酒店要求入住的宾客,情况各有不同,无论是什么类型的宾客,前台接待都要做好相关的准备工作,迅速获得宾客的住店需求,完成入住登记表的填写,快捷、准确地办理入住,真心诚意地满足宾客的合理需求。登记入住礼仪主要包括仪容仪表礼仪、站立礼仪、微笑礼仪、目光沟通礼仪、递接物品礼仪和登记入住服务礼仪等。

信息页一 递接物品礼仪

- 递接物品礼仪的基本原则是举止要体现对他人的尊重
- 用双手递物或接物;当只能用单手递接物品时,要用右手来完成
- 递物时要略欠身,面带微笑,目视宾客,并将物品直接递到对方手中;同时应留出便于宾客接物品的空间
- 递书、文件、资料等带文字性的物品时,要注意正面朝上
- 文字方向正对宾客,以体现礼仪服务的细节
- 递笔、刀、剪之类尖利或危险物品时,需将尖端朝向自己,握在手中,而不要指向对方
- 要用双手接过宾客递给自己的物品,同时向宾客表示感谢

知识链接

递接名片

(1) 递送名片

双手递送;将名片正面及文字方向朝向对方;

名片略向下倾斜;递送到对方手中。

(2) 接受名片

双手接受;仔细阅读名片信息;收好。

信息页二　登记入住服务礼仪

- 微笑服务，主动问客。当宾客到达前台时，应当用发自内心的愉悦心情接待宾客，主动欠身或点头致意并微笑问候宾客
- 服务周到，关照宾客。有较多宾客同时抵达而工作繁忙时，应当按先后顺序依次为宾客服务，做到"接一答二照顾三"；不能只与一位宾客或熟悉的宾客谈话，而怠慢了其他宾客
- 推销适度，礼貌用语。为宾客介绍客房时应当准确，宣传酒店产品要实事求是，用恰当的语言，站在宾客的角度，为宾客提供参考建议，以免引起宾客反感
- 双手递接。用双手向宾客呈递住宿凭证等物品
- 服务真诚。对住店宾客和非住店宾客应一视同仁；不论宾客选择酒店与否，都应对宾客的光临致以真诚的谢意，感谢宾客提问，欢迎宾客再次光临
- 注意细节。知道宾客姓氏后，应当以姓氏加尊称称呼宾客

信息页三　宾客提出换房退房要求时的礼仪

(1) 理解宾客。宾客提出换房要求时，要认真听取宾客意见，真诚表示理解宾客的感受，迅速为宾客换房，并告知宾客换房的时限。换房涉及行李较多时，应当主动通知行李员协助宾客搬运行李。因酒店原因导致宾客换房的，应当真诚地向宾客致歉，必要时应向宾客提供附加值服务。

(2) 温婉有礼。遇到宾客要求退房时，要温婉有礼，不能态度粗鲁或不高兴。要耐心地向宾客讲清酒店的有关退房规定，按规定手续为宾客办理退房。

📝 任务单一　递接物品展示

请各小组进行递接物品展示：分别递接文本文件、签字笔、剪刀和名片。

评价项目	规范体态 (6分)	表情流露 (4分)	总分 (10分)	
评价标准	仪态大方，规范适度	表情(微笑)和语言适度结合	自评	互评
第　组				
第　组				
点评小组记录	优点： 问题：			

？ 任务单二　展示最优质的服务

下发任务	情境：韩老先生和老伴都是已年近7旬的美籍华人，在某酒店预订了豪华双人间。今天他们来到酒店前台准备登记入住，作为前台接待员的你该如何接待呢？	
如何服务		
细　节		
评　价	宾客评价	
	服务员自评	
	其他学生点评	

？ 任务单三　案例赏析

下午6:00，某国际大酒店的大堂内灯火辉煌、宾客如云。前台接待员Tony正忙着为团队宾客办理入住手续。这时，两位散客走到柜台前对Tony说："我们要一个双人间。"Tony说："请您稍等一下，我马上为这个团队办好手续，就替你们找空房。"其中一位姓张的宾客着急地说："今晚8:00我们约好朋友在外面吃饭，希望你先替我们办一下。"

Tony为了尽可能照顾这两位宾客，于是一边继续为团队办手续，一边用电脑查找空房。经过核查，剩余空房的房价都是258元每间，他如实告诉了宾客。此时，张先生突然大发脾气："今天早上我曾打电话给你们酒店，询问房价，回答说双人标准间是每间198元，为什么忽然调成了258元？简直是漫天要价！"Tony刚要回话，张先生突然挥掌向Tony的面孔打去。Tony没有防备，结果吃了一记耳光！他趔趄了一下，面孔变得煞白，真想回敬对方。但他马上想到自己的身份，不可以意气用事，于是尽量克制，使自己镇定下来，接着用正常的语气向宾客解释说："198元的房间已经住满了，258元的还有几间空着，由于楼层不同、服务不同，房价也就不一样。我建议您先住下，尽快把入住手续办好，也好及时外出赴宴。"

　　这时，另一位宾客周先生见他的朋友张先生理亏，于是就劝张先生说："这位接待员还算有耐心，我们就先住下吧。"张先生点头同意。Tony立刻挥手示意行李员把宾客的行李送到房间。然而，从Tony另一只紧握着拳头、微微颤抖的左手可以看出，他正在极力压抑着内心的委屈。

　　那位张先生事后深感自己的不是，终于在离店时到前台向Tony表示了歉意，对自己的冒失行为深表遗憾。

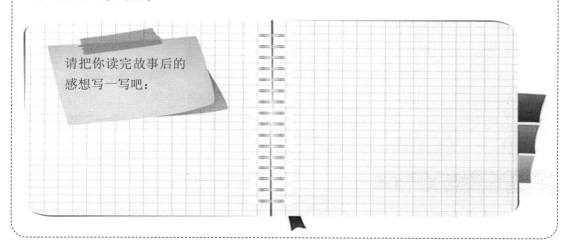

请把你读完故事后的感想写一写吧：

活动二▶ 解答问讯服务礼仪

　　前厅提供的问讯服务，包括解答宾客询问、提供留言、处理邮件等。这些看起来都是些服务琐事，但是"服务无小事"，每一次与宾客的接触都是体现服务礼仪的关键时刻。解答问讯要做到热情耐心、快捷准确、有问必答、百问不厌，在精益求精的礼仪细节中显示出优质的服务品质，在平凡的对客服务中体现超值的服务价值。

信息页　解答问讯服务礼仪

　　(1) 主动问候。当宾客离问讯处2～3步远时，要主动、热情地问候宾客。

　　(2) 认真倾听。注意聆听宾客的问讯，要身姿挺拔、面带微笑，不能东张西望，应暂停手头工作。听懂时可以用点头的方式进行回应，没听明白时请宾客重复一遍。

　　(3) 真诚回答。对宾客提出的问题要尽快回答，态度和蔼，有问必答，不能说"也许""大概"之类没有把握或含糊不清的话。

　　(4) 不对宾客说"不"。确实不知道时，应向宾客表示歉意，请求谅解，并表现出愿意帮助宾客的意愿，记录下宾客的要求、联系方式等，查询到相关信息后立即告知宾客，未查到信息的也要及时反馈给宾客并说明原因。不能用"不知道"或"你可以问其他人"等推辞的话语来回答，这是非常不礼貌的。

（5）保护住店宾客隐私。问讯处要经常接待非住客的查询，查找住客的有关情况，如宾客的房号、宾客是否住在酒店、有无他人访问住客等。若有这样的查询，问讯员应问清来访者的姓名、与住客的关系等，然后打电话到被查询的住客房间，经住客允许后，才能让来访者到房间找住客。

如果住客不在房内，为确保其隐私权，不允许将住客的房号随意告诉来访者，也不能让来访者到房间找宾客。

（6）为访客提供留言服务。由访客填写留言单，或由访客口述，问讯员记录，然后由访客过目与问讯员共同签字。入住宾客留言，先请宾客填写住客留言单，当访客到达酒店后，问讯员经核实，转告留言内容或转交留言单。交接班时将留言收到情况交代清楚，住客留言单上应标明留言内容的有效期限。

任务单一　案例赏析

北京某酒店的前台问讯处，几名年轻的员工正在忙于接待办理入住和离店手续的宾客。此时，大门入口处走进两位西装革履的中年人，提着一个看上去很重的箱子径直走向问讯处。

"您好，有什么需要吗？"刚放下电话的Tony很有礼貌地主动问道。

"有件事情，麻烦一下。"其中一位戴眼镜的中年人说话有点腼腆，他似乎不知从何说起，稍许停顿后，目光对着地上的那只箱子。

"我们一定尽力而为，请您说吧。"Tony真心实意应答道。

"我们是海南某公司的驻京代表，这里是一箱资料，要尽快交给我公司总经理，他定于今天下午3点到达这里。我们下午不能前来迎接，所以想把箱子先放在酒店里，等总经理一到，请你们交给他本人。"

"请放心，我们一定办到。"Tony再三保证。

下午3时已到，海南那家公司的总经理还未抵达酒店，Tony打电话到机场，获知飞机没有误点。但因那两位中年人没有留下电话和地址，所以Tony别无选择，只能再等下去。又是两个小时过去了，那位总经理仍然没有来，Tony不得不做好交接箱子的准备。就在这一瞬间，电话铃响了。

"问讯处吗？今晨我们留在前台的那只资料箱本是想交给我们总经理的。刚才接到总经理电话，说他被一位住在××酒店的朋友邀去，决定就住在那儿了，而那箱资料是他急用的……"还是那位戴眼镜的先生的声音。

"您不用着急，我会设法把箱子立刻送到××酒店的。"

Tony放下电话即安排一位员工办理此事。半小时后，那位驻京代表又打来电话，但Tony已经下班了。

"请转达Tony，箱子已经送到，十分感谢。我们的总经理改变主意住到了别的酒店，你们不但没有计较，还为我们服务得那么好，真不知如何表达我们的谢意。总经理说，下回一定住你们酒店。"对方诚恳地说道。

请你来分析一下，Tony的优质服务都体现在哪些方面？

_____

_____

_____

_____

任务单二　你该怎么办

下发任务	情境：某日，一位穿着得体的男士来前台问讯处。问讯员Susan面带微笑，礼貌地问道："先生，您好！我能为您做点什么吗？"男士说道："你好，我想找一位叫黄梅的小姐，麻烦你告诉我在哪个房间，我是他的男朋友。"查询住客名单后，发现有这位黄小姐住的信息，但宾客要求房号保密。如果你是问讯员Susan，应该如何处理？	
如何服务		
细　节		
评　价	宾客评价	
	服务员自评	
	其他学生点评	

活动三▶ 离店结账服务礼仪

从方便宾客、提高服务效率的原则出发，现代酒店常采用"一次性结账"，即宾客在酒店消费的所有费用在离店时一次性结清。结账服务关系到各方面的利益，应保证结账手续高效、准确、无差错且周到得体。离店结账手续是宾客离店前接受的最后一项服务，应给宾客留下专业、良好的印象。

信息页　离店结账服务礼仪

前台结账服务也是酒店对客服务的重要环节，不能因为宾客即将离开酒店而怠慢，应准确、快速，给宾客此行留下美好印象。

- 宾客办理离店结账手续时，首先要主动欠身或点头致意并微笑问候宾客，以熟练的业务技能，快速地为宾客准备好账单
- 收款数目应当当面结清，保证账目准确。双手递接账单、房卡、押金条、房费、找零等物品
- 宾客对账单有疑问时，应当耐心细致地进行解释，语调亲切柔和，直到宾客明白为止
- 当宾客遇到结账难题时，能够站在宾客的角度考虑问题，积极帮助宾客解决问题
- 宾客结账后，应将账单、发票等凭证装入酒店信封中，用双手呈递给宾客，目视宾客，欢迎宾客再次光临，并向宾客表示感谢

任务单　案例分析

　　井先生帮助在某四星级酒店1010房的住客郑先生结账。酒店按惯例请宾客交回钥匙，但因井先生不是住客，不清楚郑先生究竟有没有带走钥匙，致电联系郑先生，却始终联系不上。

　　于是，井先生希望酒店查找一下郑先生是否已将钥匙存放在酒店。酒店工作人员先后两次查找，都没找到。这样，井先生只好很不情愿地付了钥匙赔偿金。事后，酒店发现1010房间的钥匙宾客并没有带走，而是交给了停车场保安人员。

　　思考题：请问应该采取怎样的补救措施？

_____

_____

_____

任务评价

前台接待服务礼仪

评价项目	具体要求	评价			
		☺	😐	☹	建议
前台接待服务礼仪	1. 掌握登记入住服务礼仪				
	2. 掌握解答问讯服务礼仪				
	3. 掌握离店结账服务礼仪				
	4. 能够独立完成前台接待工作				
学生自我评价	1. 准时并有所准备地参加团队工作				
	2. 乐于助人并主动帮助其他成员				
	3. 遵守团队的协议				
	4. 全力以赴参与工作并发挥了积极作用				
小组活动评价	1. 团队合作良好，都能礼貌待人				
	2. 工作中彼此信任，互相帮助				
	3. 对团队工作都有所贡献				
	4. 对团队的工作成果满意				
总计		个	个	个	总评

在前台接待服务礼仪的学习中，我的收获是：

前台投诉处理服务礼仪

任务三

投诉是宾客因对酒店服务设施、项目及服务人员的服务行为表示不满，而提出的批评或控告。酒店服务人员及管理阶层对宾客的投诉应持积极、欢迎的态度，应给予足够的重视，设身处地地为宾客着想，正确理解宾客，真诚地帮助宾客，以重新赢得宾客的好感和信任。

工作情境

某酒店的工作人员，从经理到员工都非常重视宾客的投诉。这天，6006房间的宾客向大堂副理抱怨说："明天我们就要赶往新加坡，机票还没有交到我们手中！"大堂副理Carl得体地安慰宾客后，马上着手处理。

具体工作任务

- 了解投诉处理相关知识；
- 掌握投诉处理的原则与技巧；
- 完成任务单中各项服务礼仪的案例分析及处理；
- 完成投诉处理服务礼仪训练。

活动 前台投诉处理服务礼仪

哪一个酒店都会遇到宾客的投诉问题，有了宾客投诉不要紧，关键是要把宾客的投诉解决好，让宾客"化怒为喜"。

信息页一 投诉处理相关知识

(1) 宾客抱怨投诉的心理分析：求发泄心理、求尊重心理、求补偿心理。

(2) 宾客抱怨投诉的目的与动机：精神满足、物质满足。

(3) 宾客投诉的4种需求：

① 被关心：宾客希望自己受到重视和善待，需要理解和设身处地的关心，而不是感觉不理不睬或应付。希望与他们接触的人是真正关心他们的需求或能替他们解决问题的人。

② 被倾听：宾客需要公平的待遇，而不是埋怨、否认或找借口。倾听可以针对问题找出解决之道，并可以训练我们远离埋怨、否认、借口。

③ 专业化：宾客需要明白与负责的反应，需要一个能用脑而且真正肯为其用脑解决问题的人，一个不仅知道怎样解决，而且负责解决的人。

④ 迅速反应：宾客需要迅速与彻底的反应，而不是拖延或沉默。宾客希望听到"我会优先考虑处理你的问题"或"如果我无法立刻解决你的问题，我会告诉你我处理的步骤和时间"。

投诉处理服务礼仪的基本技巧

一、处理投诉的要诀

处理投诉时，一定要先处理感情，再处理事情。

二、处理投诉的三大因素

处理宾客的不满、抱怨、投诉时，一定要注意以下三大因素：处理时的沟通语言、处理的方式与技巧、处理时的态度和情绪。

三、处理投诉的基本步骤

1. 耐心倾听

倾听是一门艺术，可借此发现宾客的真正需求，从而获得处理投诉的重要信息。对待任何一位宾客的投诉，无论是鸡毛蒜皮的小事，还是较棘手的复杂事件，作为受诉者都要保持镇定、冷静，认真倾听宾客的意见，表现出对对方高度的礼貌、尊重。不应也不能反对宾客提出的意见，而应设法让宾客慢慢平静下来，为我们合理的解释和良好的处理提供前提条件。

2. 表示同情理解并真诚致歉

如果你没有出错，就没有理由惊慌，如果你真的出错，就得勇于面对。请记住，宾客之所以动气是因为遇上问题，若漠不关心或据理力争、找借口或拒绝，只会使对方火上浇油。应该充分理解宾客的心情，同情宾客的处境，用"这件事情发生在您的身上，我感到十分抱歉"的语言来表示对投诉宾客的关心，并适时地表示歉意，满怀诚意地帮助宾客解决问题。

3. 仔细询问

引导宾客说出问题的重点，有的放矢。在与宾客交谈的过程中，注意用姓氏加尊称来称呼宾客，心态一定要平稳，切忌受到宾客情绪的影响。如果对方知道你的确关心他的问题，也了解他的心情，怒气便会消减一半。

4. 记录问题

好记性不如烂笔头，应把宾客反映的重要问题记录下来。在听的过程中，可以把宾客投诉的要点认真地记录下来，细节问题要记录清楚，并适时复述，这样不但可以使宾客讲话的速度放慢，缓和宾客的情绪，还可以使其确信酒店对他反映的问题是重视的，也是快速处理投诉的依据，为以后服务工作的改进作铺垫。

5. 解决问题

探询宾客希望解决的办法，并征求宾客的同意。根据所闻所见，及时弄清事情的来龙去脉，然后才能作出正确的判断，拟定解决方案，与有关部门取得联系，一起处理。要充分估计解决问题所需要的时间，最好能告诉宾客具体的时间，不要含糊其词。

6. 反馈信息，听取建议

事后一定要将投诉处理情况、结果及时通知宾客，并真心听取宾客对处理结果的意见。

7. 表示感谢，礼貌结束

投诉处理完毕后，应询问宾客："请问您觉得这样处理可以吗？您还有别的问题吗？"如果没有，就宾客对酒店的关心向对方表示感谢，欢迎宾客对酒店提出意见及建议。

信息页三　投诉处理的基本原则

一、尽快处理投诉问题(1—10—100原则)

美国服务业质量管理奖的获得者曾总结了"1—10—100"的服务补救法则，即出现服务失误后，当场补救可能会使企业花费1美元，第二天补救的费用就会是10美元，而以后补救则可能上升到100美元。这是对服务补救经济效益的最好诠释。

二、解决投诉不应在公共场合进行

如果在大堂接待处等人多的场合发生宾客激烈的投诉，需先陪伴宾客到安静、舒适并与外界隔离的地方，如办公室等，以避免宾客投诉的激烈情绪与批评在公共场合传播。要有礼貌地接待，请他坐下，最好与宾客一起坐在沙发上，使宾客有一种受尊重的平等感受，再给宾客倒一杯饮料或茶，请他慢慢讲述。在态度上给投诉人以亲切感。

三、面对投诉时要保持冷静

向酒店服务好的方面引导，不要任由宾客贬低酒店服务质量，否则容易引发"连锁反应"，最终使宾客对酒店服务整体给予否定。

四、处理投诉不能转移目标、推卸责任

对于宾客的投诉，酒店工作人员应从整体利益出发，不能仅为了保全自己或本部门不受投诉而盲目随声附和、转移目标，更不能贬低他人、推卸责任。

五、处理投诉不能损害酒店利益和形象

保证宾客满意、酒店利益两者的平衡，以酒店的最小付出最大地满足宾客需求，要充分揣摩宾客心理，巧妙利用语言技巧化解危机。

?✎任务单一　你该怎么办

酒店大堂副理接待了一位因酒店叫醒失误而耽误飞机的宾客。

副理：先生，您好，请告诉我发生了什么事情？

宾客：什么事你自然知道，我耽误了飞机，你们要赔偿我的损失。

副理：您不要着急，请坐下来慢慢说。

宾客：不着急？你别站着说话不腰疼，换你试试。

副理：如果这事发生在我身上，我肯定会冷静的，因为着急是没有用的，所以我希望您也能冷静。

宾客：你算什么东西，也来教训我，我们没什么好说的，去叫你们经理来。

副理：您可以叫经理来，但您应该尊重酒店的意见，现在是在解决问题，不是埋怨的时候。

宾客：我不是来受气的，难道我花钱还得受气吗？真是岂有此理。

副理：……

(1) 为什么宾客如此气愤？大堂副理的问题主要表现在哪几个方面？

_____

_____

_____

(2) 本案例中，该如何改进？小组合作，完成情境展示。

评价项目	内容分析(3分)	演示内容(3分)	表情流露(2分)	规范体态(2分)	总分(10分)	
评价标准	分析准确，条理清楚；语言简洁，用语规范	展示符合主题，解决问题得当	表情(微笑)和语言适度结合	仪态大方，规范适度	自评	互评
第　组						
第　组						
点评小组记录	优点： 问题：					

任务单二　案例赏析

案例1

王先生在某家五星级酒店入住数日，在电梯里遇到了进店时曾见过的大堂经理。经理关心地问王先生这几天对酒店的服务是否满意。王先生直率地表示，酒店各部门的服务都比较好，只是对中餐厅的某道菜不太满意。

当晚王先生再次来到中餐厅时，中餐厅经理专门准备了这道菜，请他免费品尝。原来，王先生说者无心，大堂经理却听者有意，当宾客离开后，马上将此事告知中餐厅经理。当王先生得知事情的原委后，真诚地说："这件小事充分体现出贵酒店员工的素质及对宾客负责的程度。"

几天后，王先生的秘书打来预订电话，将下半年公司的3天研讨会及100多间客房的生意均放在了该酒店。

_____

_____

_____

案例2

一天下午6:00左右，一位宾客找到端坐在大堂一侧的值班经理，有些生气地作自我介绍："我是从美国来的史密斯……"原来，这位史密斯先生在3天前给酒店客房预订部打过电话，要求预订一间高层向阳的标准间。但是当史密斯先生到店办理入住手续时，接待人员却告诉他向阳的标准间已经没有了，是否可以更换一间别的房间。宾客当即表示：既然在3天前做了预订，就不应该出现此类情况。值班经理很快查明原因：原来，当日上午一位未办理预订手续的宾客要求入住高层向阳的房间。接待人员未见史密斯先生到店，以为他不会来了，便将此房间给安排了。经理为避免产生矛盾，就安排了一间高层向阳的豪华间给史密斯先生，房价仍按标准间收取。第二天，前厅部为史密斯先生安排了一间高层向阳的标准间，并安排行李员协助宾客换房。

_____

_____

_____

任务评价

前台投诉处理服务礼仪

评价项目	具体要求	评价			建议
		☺	😐	☹	
前台投诉处理服务礼仪	1. 了解投诉处理的相关知识				
	2. 掌握投诉处理服务礼仪的基本技巧				
	3. 掌握投诉处理的基本原则				
	4. 能够完成前台投诉处理工作				
学生自我评价	1. 准时并有所准备地参加团队工作				
	2. 乐于助人并主动帮助其他成员				
	3. 遵守团队的协议				
	4. 全力以赴参与工作并发挥了积极作用				
小组活动评价	1. 团队合作良好，都能礼貌待人				
	2. 工作中彼此信任，互相帮助				
	3. 对团队工作都有所贡献				
	4. 对团队的工作成果满意				
总计		个	个	个	总评

在前台投诉处理服务礼仪的学习中，我的收获是：

任务四　商务中心服务礼仪

为了满足商务旅行宾客的需要，酒店通常都设有商务中心，为宾客提供打印、复印、传真等服务，以使酒店除了成为宾客温馨的家之外，还能成为最好的贸易活动场所和理想的现代化办公场地。

工作情境

某五星级酒店一层的商务中心给人以优雅与舒适的感受，宾客们翻看着杂志，上网办公，商务中心的员工面带微笑地关注着每位宾客的需求。这时一位男士走到服务台，员工Tony立即迎上前，礼貌问候。这位先生是酒店2012房间的宾客，他有一份文件需要打印、复印并传真，而且需要等待对方回复传真。Tony明白宾客要办的事情很急，立即着手文件的打印，尽快满足宾客的其他需求。

具体工作任务

- 掌握商务中心服务礼仪规范；
- 完成任务单中各项服务礼仪的案例分析及处理。

活动 商务中心服务礼仪

信息页 商务中心服务礼仪规范

（1）注重仪容仪表。按服务规范检查个人的仪容仪表，调节好情绪，热情服务，真心诚意。

（2）注重细节服务。计算机、打印机、复印机、传真机、碎纸机等设备设施处于工作状态，准备好相关办公用品。同时准备好相关表格和信息，例如登记本、账单、服务收费标准等，以便于为宾客提供更贴心的服务。

（3）主动迎接宾客。看到宾客将要步入商务中心时，要起身迎接，保持挺拔站姿。如忙于其他业务无法起身时，要向宾客点头微笑致意，表示问候。如需要宾客等候，要向宾客表示歉意，并示意宾客在休息处稍候。

（4）了解宾客要求。例如：向宾客了解文稿打印或复印要求，包括排版要求、稿纸规

格、打印或复印数量。迅速阅读原稿，对文稿中不清楚或不明白的地方，礼貌地向宾客了解清楚。

(5) 双手递接物品。递接物品(如文件、资料、U盘、签字笔、钱币等)时，在条件允许的情况下，一定要用双手完成，以表示对宾客的尊重。

(6) 礼貌送别宾客。将原稿等物品交还给宾客，按规定办理结账手续，礼貌地向宾客致谢、道别。

?任务单　展示最优质的服务

下发任务	情境：张先生拿着一份密密麻麻刚整理好的数据单，匆忙来到酒店商务中心。还有一刻钟，总公司就要拿这些数据与某公司谈生意。"请马上将这份文件传到美国，号码是……"	
如何服务细节		
评价	宾客评价	
	服务员自评	
	其他学生点评	

任务评价

商务中心服务礼仪

评价项目	具体要求	评价			建议
		☺	😐	☹	
商务中心服务礼仪	1. 了解商务中心服务礼仪规范				
	2. 能够独立完成商务中心相关工作				
学生自我评价	1. 准时并有所准备地参加团队工作				
	2. 乐于助人并主动帮助其他成员				
	3. 遵守团队的协议				
	4. 全力以赴参与工作并发挥了积极作用				
小组活动评价	1. 团队合作良好，都能礼貌待人				
	2. 工作中彼此信任，互相帮助				
	3. 对团队工作都有所贡献				
	4. 对团队的工作成果满意				
总计		个	个	个	总评

在商务中心服务礼仪的学习中，我的收获是：

总机服务礼仪

电话总机是酒店内外联络的中枢，它既对外代表酒店的形象，又对内直接为宾客提供各种叫醒、查询、转接等服务。电话总机服务员，作为酒店"看不见的接待员"，是通过电话线让宾客感知发自内心的微笑和体贴入微的服务。

工作情境

电话铃声响起，话务员Mary立即端正坐姿，愉快地问候宾客："晚上好！这里是××酒店，很高兴为您服务。"入住本店2008房的张先生通过外线要求转拨2010号房间，但房间内无人接听，张先生希望留言：通知2010号房的李女士明天上午会议的时间和地点；同时还要求总机提供第二天早上7:00的叫醒服务，在24:00—早7:00设置免打扰服务。小王复述了张先生的要求，并完成了宾客留言和叫醒服务，柔和、甜美的声音使张先生备感亲切和温暖。

具体工作任务

- 熟练掌握总机服务的语言服务礼仪、接听电话服务礼仪、转接电话服务礼仪、电话叫醒服务礼仪等；
- 按照酒店总机服务礼仪的规范完成训练，通过声音为宾客提供及时、准确的信息和服务。

活动一 语言服务礼仪

总机服务是酒店重要的"第一声"，是我们留给宾客的第一印象，话务员在接听电话时要有"我代表酒店形象"的职业意识；语言表达上要简练、准确；接电话时要有良好的心情，因为面部表情会影响声音的变化，要用声音去打动宾客。

总机服务员在工作过程中，需要以热情的态度、礼貌的语言、甜美的声音、丰富的知识和沟通的技巧，为宾客提供优质、高效的服务，让宾客感到满意和受尊重。

总机语言服务礼仪的学习主要是为了在对客服务中，使用电话礼仪语言，妥善处理各种情况，在帮助宾客解决问题的同时，给宾客带来情感上的满足。

信息页一 电话礼仪语言

- 使用普通话或相应的外语
- 应答自然、语气亲切。总机服务员要通过声音传递给宾客一种微笑、友善、愉悦的感受，让宾客听出你是有礼貌和正在微笑的
- 语调柔和、语速适中。总机服务员接听电话时，应语调柔美、富有表达力，给人以亲切、热情的感受
- 发音清晰、悦耳动听、没有喘气声
- 谈话中心突出，陈述简洁。重要的地方和难以理解的词应当强调、慢说，或停顿一下，或再重复一遍，保证对方听得明白
- 不随便打断对方讲话或插话，并不时地以应和语应答，表示在认真倾听

信息页二 电话礼仪语速训练

酒店总机话务员在与客人交流时语速过快或过慢都会带给客人不舒服的感觉。培养良好的语言素养，学会有意识地控制自己的语速，让客人悦耳悦心。语速训练：标准语速为一分钟260个字左右。请计时一分钟朗读下面的短文，测试一下自己的语速是否适当。

酒店有个省市机关领导人会议。大约晚上10点，总机话务员小潘接到了一个北京长途，要找参加会议的某局局长许先生，来电人称是他的秘书，有极其重要的事情要向领导汇报，可是拨打手机无人应答，房间号码又不清楚，只好求助总机。小潘按照程序查询了电脑，但没有记录，又向前台询问了领队的房间号，并立即给领队打电话。由于时间已晚，小潘首先讲明了原因并请对方谅解，因为只有领队掌握团队人员姓名及房间号，电脑登记的只是团队代码。通过领队的帮助，小潘很快找到了许先生，并为其接通了电话。之后，那位秘书又给总机打来电话，对小潘的帮助表示衷心的谢意。

信息页三　电话语调训练

酒店总机话务员在与客人交流时要注意文明用语和礼貌用语的使用。要注意语调的控制，问候的语言要用升调完成，致歉用语需要用降调完成。看得到表情的语言，让总机话务员的表达更加规范生动。

问候语	"您好，××酒店""早上好""张先生，下午好"
请托用语	"请稍等""打扰您了""请说出您的需求"
致谢语	"谢谢""非常感谢"
应答语	"好的""明白""一定照办"
致歉语	"抱歉""对不起""打扰您了"

信息页四　电话问候方式

(1) 问候客人

提供礼貌和符合标准的问候语。所有来电者必须被愉悦的音调问候。

讲话要直接对准话筒，语速要慢，表述清晰。

用清晰、礼貌和愉悦的语气讲话。

不要忘记微笑！

(2) 问候外线客人

问候语："早上/下午/晚上好，××酒店，我是××，有什么可以帮您？"

(3) 问候住店客人

如果是住店客人打来的电话，客人的名字会显示在控制台或电话上，问候语："早上/下午/晚上好，×先生/小姐。客户服务中心，我是××，有什么可以帮您的？"

?? 任务单一　总机文明用语

1. 电话礼仪中的5类文明用语有：_____、_____、_____、_____、_____。

2. 问候外线电话时应说(英文)："_____"

任务单二　总机电话服务

　　刚上岗3天的总机话务员Mary接到2008号房周先生的电话，说浴室龙头出现了问题。她将如何应答，并帮助客人解决问题呢？请回答，并完成电话处理的步骤。

分组讨论

如何回答：_____

解决问题要领：_____

关注礼仪服务细节，完成评价_____

小组评价	讨论是否认真、热烈(2分)	要点是否齐全(5分)	注意到细节(3分)	得分

知识链接　　　　　**总机服务员的规范用语**

　　(1) 外线电话打进来时，规范用语："您好(或早上/下午/晚上好)！这里是××酒店，请问您需要什么帮助？"

　　(2) 转接遇忙音时，规范用语："对不起，电话占线，请稍等。"或"可以为您转接其他电话吗？"

　　(3) 外线电话要求查找某人时，需要在认真倾听宾客需要查找的姓名和房间号的同时记录下来，并礼貌地对宾客说："请稍候！"

　　(4) 当外线电话需要查找某人，而房间无人接听时，规范用语："×先生(或女士)，很抱歉，电话现在无人接听，请问您是否需要留言或过一会再打过来？"

　　(5) 提供叫醒服务时的规范用语："早上好！×先生(或女士)，现在是早上×点钟，您起床的时间到了。"

　　(6) 婉转、谦恭有礼地告知对方拨错电话了，不可流露出愠怒的情绪。

活动二　接听电话服务礼仪

　　宾客住店期间的很多需要，一般都是先联系总机帮忙解决。接听电话是总机话务员的日常工作，应及时接听，认真回应，热情友好，善解人意并巧于终止。

信息页　接听电话服务礼仪

- 及时接听。左手拿电话，方便右手做记录
- 3声内应答。话务员应在电话铃响3声内接听电话。先问候宾客并报酒店名称。电话繁忙让宾客久等，接听时一定要先向宾客致歉
- 聆听要点。宾客讲话时，思想要集中，全神贯注地聆听。切忌中途打断宾客的讲话，应让宾客讲完话后再作答
- 认真对待。听不清宾客讲话或宾客讲话语速过快时，可以委婉地请宾客复述、避免凭主观想象随意回答
- 回应准确。回答宾客询问时，表达准确清楚，语言简洁
- 热情友好。讲话要清晰、礼貌和专业，即使很忙也不能仓促和恼怒。宾客听不清时，应当耐心重复，始终给宾客和蔼可亲的感受
- 善解人意。回答宾客问话时，要积极、婉转；如果宾客心情不好，言辞过激，应保持平和的心态
- 真诚致谢，礼貌挂断电话(必须让客人先挂断)

任务单一　留言电话的礼仪对话训练

话务员：您好！××酒店。

宾客：你好！请接2008号房间。

话务员：请问您要找哪位听电话？

宾客：张先生。

话务员：好的，请稍等。

话务员：对不起，张先生房间无人接听，请问您是否需要留言？

宾客：好的，请转告张先生，晚上9:00给我来电话，他知道我的电话号码。

话务员：请问您贵姓？

宾客：我叫刘颖。

(输入留言，核实留言内容，确认服务员姓名。)

话务员：好的，刘小姐。您要告诉张先生，晚上9:00给您回电话，电话号码张先生知道，对吗？

宾客：是的。

话务员：刘小姐，您的留言我们将会按您的要求及时转达给2008房的张先生，请您放心!

　　宾客: 好的, 谢谢!

　　话务员: 不用谢! 希望有机会再次为您服务。

　　宾客: 再见!

　　话务员: 刘小姐, 再见!

　　(开启房间内的留言灯, 提醒住客查询留言。)

　　话务员: 您好! 总机。

　　住店宾客: 请问有我的留言吗? 我是2008房的。

　　话务员: 您是张先生, 对吗?

　　住店宾客: 是的。

　　话务员: 张先生, 这里有刘颖小姐给您的留言, 请您晚上9:00给她回电话, 她说电话号码您知道。

　　住店宾客: 好的, 知道了。谢谢!

　　话务员: 没关系, 很高兴为您服务。祝您入住愉快!

　　住店宾客: 再见!

　　话务员: 张先生, 再见! (取消留言灯)

总机电话服务礼仪训练考核标准

项目	程序正确	语言礼貌	语气热情	语调轻柔	语速适中	姿态大方	表情自然
分值	1	2	1	2	1	1	2

任务单二　接听电话服务礼仪, 判断正误

　　1.结束通话前应重复详细信息。(　　)

　　2.电话铃声响一声应立即接听应答。(　　)

　　3.让来电者等候5分钟是合理的。(　　)

　　4.结束通话时应客人先挂断。(　　)

　　5.接听电话时, 左手拿电话, 右手做记录。(　　)

知识链接

总机服务注意事项

　　总机服务员要给宾客提供规范、高质量的服务, 需要心境平和, 用微笑来美化声音, 缩短与宾客之间的心理距离, 从而让宾客感到亲切、热情、周到。怎样才能心境平和呢? 总机服务员在上岗前要做必要的礼仪准备工作。

(1) 仪容礼仪：淡妆上岗，头发、面容、手、皮肤符合礼仪要求；统一着装，鞋袜、领带符合要求，戴好工号牌。

(2) 仪态礼仪：坐姿端正、挺拔，面带微笑。

(3) 声音礼仪：使用普通话或规定的外语，称呼恰当、吐字清晰、用词准确、语气亲切、语调柔和、语速适中、语言简练；认真倾听。

活动三 转接电话服务礼仪

拨入酒店的多为重要电话，话务员转接电话时要集中精力、迅速准确，热情地满足宾客各种需求，给予宾客最大限度的帮助和照顾，给住的宾客和潜在的宾客以无微不至的关爱。为宾客转接电话时，要非常注意礼仪操作规范，关注入住宾客的特殊需求，充分尊重宾客的意愿和隐私。

信息页 转接电话礼仪

(1) 及时接听。

确定电话来自酒店内部或外部，问候语："早上/下午/晚上好，××酒店，我是××，有什么能帮您？"

转接无人接听或电话占线时，应对来电者致以歉意，并说明原因，主动提供留言服务。

(2) 使用电话礼仪。运用标准电话礼仪语言与客人交流。

(3) 确认身份。外线要求把电话接到客房时，应礼貌地问清转接电话宾客姓名，核对无误后可接线。可以说："请问我可以知道客人的姓名吗？"

(4) 等候。如果所有的信息都正确，请客人稍等为对方转接。可以说："请稍候，我将为您转接，感谢致电，女士/先生。"

(5) 正确转接。准确掌握各类常用电话号码，能迅速、准确地转接电话，不可窃听宾客的通话内容。

注意：保护个人信息。转接时，应注意保护住店宾客的私人信息。

任务单一 转接电话的礼仪对话训练

话务员：您好！××酒店。

宾客：你好！我找张强，请帮我转接一下。

话务员：好的，先生(或女士)请问您知道张强先生的房间号吗？

宾客：不知道，你帮我查一下吧！

话务员：好的，请问您怎么称呼？单位是哪里？

宾客：李立，××公司。

话务员：李先生，请您稍候。

(致电宾客张强房间)

话务员：张先生，我是总机，有一位××公司的李立先生想要和您通电话，您看可以吗？

张先生：不必了，就说我不在。

话务员：好的。

(给李立回电话)

话务员：对不起，李先生，让您久等了。张先生房间内的电话无人接听，您是否需要给张先生留言？

宾客：不必了，谢谢！

话务员：不客气，希望有机会再次为您服务。

宾客：好的，再见！

话务员：再见！

总机电话服务礼仪训练考核标准

项目	程序正确	语言礼貌	语气热情	语调轻柔	语速适中	姿态大方	表情自然
分值	1	2	1	2	1	1	2

任务单二　转接电话服务

话务员Mary接到外线要求查找一位入住的张先生。如果你是Mary，该怎样来处理？

第一：外线宾客提供了张先生的房间号和姓名。

第二：外线宾客不知道张先生的房间号。

第三：张先生要求房号保密。

如何服务：_____

_____

_____

服务细节：_____

_____

_____

活动四 电话叫醒服务礼仪

酒店宾客要早起办事或启程，叫醒服务可以满足他们的要求。话务员在提供叫醒服务时应定时准确，准时叫醒，语言柔和、简练，并认真做好记录，跟踪结果。一般情况下，总机话务员应当确认叫醒服务是否有效，如果觉得宾客被叫醒时的状态不太可靠，应过一会儿再叫一次比较保险。

电话叫醒服务既是总机的日常工作，也是容易出现投诉的地方。无论是由于宾客的原因，还是酒店方面的原因造成叫醒失败，最后受影响的都将是酒店。

信息页一 叫醒服务礼仪

- 记录任务。接到宾客需要叫醒电话时，用亲切、柔和的语调问清宾客房号、姓名及确认叫醒时间
- 称谓正确。知道宾客姓名后，立即用姓氏加尊称称呼宾客
- 确认任务。复述宾客叫醒要求，并得到确认。最后祝宾客晚安
- 定时准确，叫醒准时。保证在约定时间准时叫醒宾客
- 语言简练，语调柔和。电话即将结束时，应向对方礼貌告别，待对方挂断后再挂断电话
- 认真记录，跟踪结果。叫醒时，若无人应答，应及时再次完成人工叫醒。如仍无人应答，应立即通知楼层服务员或大堂值班经理前往察看，以避免耽误宾客行程或宾客发生意外

信息页二 叫醒服务程序

(1) 接到一个叫醒要求

所有叫醒要求必须被礼貌、准确地记录下来。

应答标准："早上/下午/晚上好，×先生/女士。客户服务中心，我是×××，有什么可以帮您的？"

(2) 倾听和重复

认真倾听并且不能打断客人，获得叫醒时间并向客人重复。

(3) 核实信息

通过控制台上显示的数据或电话，或者面对客人直接核实其姓名和房间号码。

(4) 服务建议

在叫醒表上记录下要求。询问客人是否需要定早餐等服务，介绍自助早餐的时间和用餐地点。

(5) 叫醒的实施

叫醒服务必须在准确的时间由人工完成。可用以下礼貌用语和愉悦的方式问候客人："早上好，×先生/女士，这是您的叫醒电话，现在是早上××点。您还需要第二次叫醒吗？"

(6) 如客人未应答

如果客人没有应答，应继续进行下一房间，一会再回到这个房间。

(7) "未应答客人"的处理

回到未应答客人的房间再试一下。如果仍未应答，通知客房部楼层主管去客人房间。楼层主管不能叫醒客人或房间上了双锁，必须通知大堂经理进一步处理。

(8) 结束通话

可用以下标准短语结束通话："×先生，感谢致电，晚安。"

?? 任务单一　叫醒服务的礼仪对话训练

话务员：您好！总机。

住店宾客：你好！我是2088号房间的客人。

话务员：请问您是入住2088房间的周先生吗？

住店宾客：是的。

话务员：周先生，您好！请问您需要什么帮助吗？

住店宾客：我要搭乘明早7:30的班机，请在明天早上5:00叫醒我。

话务员：好的，周先生，您要求在明天早上5:00叫醒您，对吗？

住店宾客：是的。

话务员：周先生，我已经为您做好叫醒服务提醒，祝您晚安！

宾客：谢谢！

话务员：不客气！

次日早上5:00(铃响)：

住店宾客：喂！

话务员：周先生，您好！现在是早上5:00，已经到了您的叫醒时间。

住店宾客：好的，谢谢！

话务员：不用谢！

住店宾客：再见！

话务员：再见！

5分钟后，跟踪确认叫醒(视宾客接电话状态而定)：

住店宾客：喂！

话务员：周先生，您好！您已经起床了吧，退房前，不要遗漏了您的物品。祝您一路平安！

住店宾客：谢谢！

话务员：不用谢，欢迎您下次光临！再见！

总机电话服务礼仪训练考核标准

项目	程序正确	语言礼貌	语气热情	语调轻柔	语速适中	姿态大方	表情自然
分值	1	2	1	2	1	1	2

？ 任务单二 案例分析并演示

凌晨2:00，话务员Mary给2088号的宾客打电话："程先生，您好！现在是凌晨2:00，已到您的叫醒时间，祝您愉快。"听到程先生有些微弱不清的声音说"谢谢"后，Mary就轻轻挂断了电话。第二天一早，大堂副理就接到了投诉，程先生要求酒店承担误机的退票费及误餐费等。大堂副理在了解了情况之后，向程先生解释说："您今天误机的事，我们同样感到遗憾，但总机已经按照您的要求履行了叫醒服务的职责，现在就很难办了！"周先生并不否认自己接到了叫醒电话，但他仍然提出意见说："无论如何，你们的叫醒服务是存在问题的，大有改进的必要！"

1. 酒店的叫醒服务是否有问题？问题出在哪个环节？

案例问题：＿＿＿＿＿＿＿＿＿＿＿＿＿＿＿＿＿＿＿＿＿＿＿＿＿＿＿＿＿＿＿

＿＿＿＿＿＿＿＿＿＿＿＿＿＿＿＿＿＿＿＿＿＿＿＿＿＿＿＿＿＿＿＿＿＿＿＿

哪些环节：＿＿＿＿＿＿＿＿＿＿＿＿＿＿＿＿＿＿＿＿＿＿＿＿＿＿＿＿＿＿＿

＿＿＿＿＿＿＿＿＿＿＿＿＿＿＿＿＿＿＿＿＿＿＿＿＿＿＿＿＿＿＿＿＿＿＿＿

2. 在总机安装录音电话，将叫醒服务的通话录下来，作为证据保存，这样遇到宾客投诉就容易处理了。你觉得这样做是否合适？为什么？

想一想：_____

_____

3. 完成评价。

评价项目	内容分析 (3分)	演示内容 (3分)	表情流露 (2分)	规范体态 (2分)	总分 (10分)	
评价标准	分析准确，条理清晰；语言简洁，用语规范	演示符合主题；解决问题得当	表情(微笑)和语言适度结合	体姿大方、适度	自评	互评
第　组						
第　组						
点评小组记录	优点： 问题：					

任务单三　选择任务签，分小组完成并评价

1. 下发任务签。

情境1：当酒店宾客因第二天要开会，想让酒店在早上6:00叫醒他时，总机话务员如何准确无误地按时叫醒宾客？(叫醒服务)

温馨提示：房间号、宾客姓名、叫醒时间、最后确认。

情境2：当来电要找2405房间的宾客时，总机话务员怎样转接？电话占线又该如何处理？(转接电话)

情境3：当来电要找在酒店入住的传媒公司李经理时，却不清楚李经理的房间号，总机话务员如何处理？转接后李经理不在房间，来电人想要李经理的房间分机号，该如何应对？(电话留言)

温馨提示：保护宾客隐私。

2. 完成情境展示并评价。

评价项目	语言表达 (3分)	表情仪态 (3分)	展示内容 (2分)	程序规范 (2分)	总分 (10分)	
评价标准	音量语速适中；语言简洁；规范接听	表情(微笑)和语言适度结合，体态大方、适度(坐姿/手持电话姿态等)	符合展示主题，解决问题得当	叫醒服务程序合理，步骤清晰，沟通得当	自评	互评
第　组						
第　组						
点评小组记录	优点： 问题：					

任务评价

总机服务礼仪

评价项目	具体要求	评价			建议
		😊	😐	😞	
总机服务礼仪	1. 了解电话服务礼仪基本要求				
	2. 掌握接听电话服务礼仪				
	3. 掌握转接电话服务礼仪				
	4. 掌握电话叫醒服务礼仪				
	5. 掌握酒店总机服务礼仪的规范步骤，通过声音为宾客提供及时、准确的信息				
	6. 能够独立完成总机服务任务				
学生自我评价	1. 准时并有所准备地参加团队工作				
	2. 乐于助人并主动帮助其他成员				
	3. 能够倾听他人意见并与之交流				
	4. 全力以赴参与工作并发挥了积极作用				
小组活动评价	1. 团队合作良好，都能礼貌待人				
	2. 团队成员在工作中彼此信任，互相帮助				
	3. 所有成员对团队工作都有所贡献				
	4. 对团队的工作成果满意				
总计		个	个	个	总评

在总机服务礼仪的学习中，我的收获是：

客房服务礼仪

　　酒店客房部是酒店中最重要、最繁忙的部门之一，其经营收入一般占酒店总收入的50%以上。客房是宾客在酒店待的时间最长的地方，也是宾客与客房服务员接触最多的地方。客房服务员在为宾客提供标准化、规范化服务的同时，还应讲究客房服务礼仪。

　　客房服务礼仪是指在客房服务工作中形成的，需要客房服务人员普遍遵守的行为规范和准则，它是宾客体验、关注酒店客房服务的礼仪规范，是构建酒店品牌的重要因素。

　　客房服务礼仪因岗位不同，礼仪规范也有所区别。下面我们就结合客房服务对个性化礼仪的要求，从客房服务中心、楼层接待、管家服务、公共区域等不同服务形式出发，详细阐述各项礼仪规范，以便为宾客提供全方位的优质服务。

课程思政元素：

总体要求： 在客房服务礼仪学习和训练中要坚持敬业、精益、专注、创新。

岗位要求： 在客房礼仪服务中要注重规范、细致、认真、自觉、自律，尊重宾客隐私。

用心服务，做能吃苦、肯奋斗的酒店人！

——致学习中的你

任务一 客房服务中心服务礼仪

　　酒店客房服务中心是酒店客房部对客服务的统一协调中心，通常实行24小时值班制，由值班人员接听宾客提出的服务要求，通过酒店的内部呼叫系统通知楼层服务员上门服务，满足宾客的需要。客房服务中心是酒店客房部的"心脏"，其重要程度不可忽视。

工作情境

　　客房服务中心内，值班员Mary正在接听住店宾客打来的电话，她面带微笑、亲切地问候宾客，认真聆听并记录，迅速把宾客需要的服务信息传达至楼层服务员。

　　具体工作任务

- 了解满足宾客需求服务礼仪；
- 了解处理宾客遗留物品服务礼仪。

活动一 满足宾客需求服务礼仪

　　入住酒店的宾客在需要酒店为其提供某些服务时，通常会给客房服务中心致电，提出各种要求。作为客房服务中心的值班人员，虽然不直接面对宾客，但要让宾客在通话过程中感受到耐心细致、热情友好的态度和服务，帮助宾客解决提出的问题。

信息页 满足宾客需求服务礼仪

　　"宾客就是上帝"，只要宾客提出的要求是合理的，我们都要积极、主动地帮助宾客，使其感受到酒店客房服务的温馨和周到。

　　(1) 微笑服务，真诚待客。按照接听电话礼仪接听电话，并表示愿意为宾客服务："您好，客房服务中心。请问您需要什么帮助？"

　　(2) 认真倾听，准确记录。解答宾客的问题时应当简洁明了。

　　(3) 明确宾客需求，立即行动，提供满意服

务。当宾客提出的要求，本部门就能够满足时，应当立即答应下来，并告之服务完成所需时间。当宾客提出的要求，需要其他部门(如工程维修部门)协助的，应当立即帮助宾客联系解决，切忌让宾客自己联系。无法满足宾客要求时，应当说明原因。拒绝的方式和用语要委婉，留有余地，对宾客表示理解，并积极提出建议，使宾客在精神上得到满足，直接拒绝宾客是极度不礼貌的。

(4) 跟踪结果，及时反馈，直到宾客满意。

任务单一　请你来处理

宾客来电反映客房内空调不好用，你知道该怎样处理吗？要注意细节。

_____

_____

任务单二　介绍景点

宾客来电咨询酒店周边有哪些不错的旅游景点，请你推荐一下。

_____

_____

任务单三　模拟演练

你是一名客房服务中心的值班员，接到宾客请求帮助的电话时应如何应答？请分组设计情境，模拟演练，重点练习电话礼仪。

分组讨论

(1) 值班员接宾客电话的情境设计与安排。

(2) 模拟演练。

(3) 关注礼仪服务细节，讨论并完成评价。

评价项目	场景设计 (4分)	语言沟通 (2分)	细节服务 (2分)	表情和态度 (2分)	总分 (10分)	
评价标准	设计合理，有完整的情境对话	沟通良好，合理使用礼貌用语	体谅宾客，注意细节，服务到位	态度热情，微笑接听电话	自评	互评
第　　组						
第　　组						
点评小组活动记录	优点： 问题：					

活动二 处理宾客遗留物品服务礼仪

酒店是宾客临时的家，要让他们在这里感受到家的温暖和自在，当然也包括无后顾之忧的各项服务。客房服务中心还有一个很重要的工作，就是帮助宾客解决后顾之忧——处理宾客的遗留物品。值班员在接到离店宾客寻找遗留物品的电话(或前来领取遗留物品)时，一定要注意与宾客沟通的礼节，积极、热心地为宾客查找。

信息页 处理宾客遗留物品礼仪

酒店宾客的遗留物品，如果能够及时发现、归还，当然是最佳的处理方法。但往往宾客的遗留物品不能立即归还，通常的做法就是：及时上交客房服务中心，由值班员将宾客遗留物品编号并登记，再按程序返还给宾客或进行处理。

- 及时处理，积极查找失主，按程序返还，不能及时返还的，应当妥善分类保存
- 将遗留物品返还宾客时，应在宾客确认后，按递物礼仪要求返还
- 宾客要求邮寄失物的，应先取得宾客谅解，并告知宾客邮资由宾客个人承担(有的由酒店承担)，经其同意后，及时将失物邮寄给宾客，并跟踪确认宾客是否收到失物

知识链接 **失物查找及认领的处理方法**

(1) 当失主来认领遗留物品时，需验明其身份证件，并且要说明失物的情况，由失主在遗留物品登记本上签名，写明工作单位等信息，然后领取物品。

(2) 领取贵重物品时，必须保留失主身份证件的复印件，并通知大堂副理到现场监督、签字，以备查核。

(3) 如果宾客打电话寻找遗留物品，要问清情况，并积极帮助宾客查询，若遗留物品与宾客所述相符，则要问清楚宾客来领取的时间；若宾客不能立即来取，须把遗留物品转入"待取柜中"，并在客房服务中心"记录本"上逐日交班直到取走为止。

(4) 如果宾客通过亲属朋友或其他委托人前来认领遗留物品，须请来人出示委托书，并核对失主姓名、遗留物品、遗留时间、地点等信息，相符后再移交物品，并签名确认。

(5) 如果宾客的遗留物品经多方查找仍没有找到，应立即向部门领导汇报。对于这种情况，酒店一定要认真处理，调查清楚。

任务单　处理宾客遗留物品

　　已结账离店的宾客打电话来寻找丢失的手机充电器(原装进口)。请你安排一个情境来体现客房服务中心值班员的礼仪服务，要注意细节并进行评价。

分组讨论

(1) 处理宾客遗留物品礼仪服务情境设计与安排。

(2) 模拟演练。

(3) 关注礼仪服务细节，讨论并完成评价。

评价项目	场景设计(4分)	语言沟通(2分)	细节服务(2分)	表情和态度(2分)	总分(10分)	
评价标准	设计合理，有完整的情境对话	沟通良好，合理使用礼貌用语	体谅宾客，注意细节，服务到位	态度热情，微笑接听电话	自评	互评
第　组						
第　组						
点评小组活动记录	优点： 问题：					

任务评价

客房服务中心服务礼仪

评价项目	具体要求	评价			建议
		☺	😐	☹	
客房服务中心服务礼仪	1. 了解满足宾客需求服务礼仪				
	2. 了解处理宾客遗留物品服务礼仪				
	3. 能够独立完成值班员礼仪服务工作				
学生自我评价	1. 准时并有所准备地参加团队工作				
	2. 乐于助人并主动帮助其他成员				
	3. 能够倾听他人意见并与之交流				
	4. 全力以赴参与工作并发挥了积极作用				
小组活动评价	1. 团队合作良好，都能礼貌待人				
	2. 团队成员在工作中彼此信任，互相帮助				
	3. 所有成员对团队工作都有所贡献				
	4. 对团队的工作成果满意				
总计		个	个	个	总评

在客房服务中心服务礼仪的学习中，我的收获是：

楼层服务礼仪

　　酒店客房(楼层)服务员的服务礼仪，即为办理好入住手续、进入客房所在楼层的宾客，提供迎送、日常和生活等服务的礼仪。楼层迎接是宾客感受客房温馨服务的开始，接待时要针对宾客的习惯和特点做好细致、便捷、周到、热诚的服务，给宾客留下美好而深刻的印象。

工作情境

　　服务员Lisa正在紧张地工作，接到客房服务中心的传呼电话：有3位宾客正在办理入住商务套房，这些宾客刚下飞机，非常疲惫；同时，他们也是第一次入住我店，需要Lisa协助行李员提供楼层接待服务，尽快安排入住。Lisa马上放下手边的工作，到楼梯口迎接3位来宾。

具体工作任务

- 掌握楼层迎送宾客礼仪；
- 熟练运用客房日常服务礼仪进行服务；
- 熟悉客房生活服务礼仪规范，并能够运用。

活动一　楼层迎送服务礼仪

信息页一　楼层迎接宾客服务礼仪

　　星级酒店的客房服务员通常是不直接面对宾客的，但也偶尔有进行楼层迎接礼仪服务的时候，通常是在电梯口等候宾客到来，接待问候后，将宾客引领入房，介绍房间情况。客房服务员在此环节一定要把握好宾客急于入住、安顿下来的心理，服务时要主动、热情、礼貌、细心，客房介绍要适度，真心实意地关爱宾客，动作迅速，忙而不乱，要处处体现对宾客的尊重。

- 着装规范，微笑等候。迎接宾客时站立于电梯口左侧，叉手站姿站立
- 礼貌迎客。电梯停稳后，恭请宾客走出电梯，施15°鞠躬礼，并自我介绍："×先生(女士)，欢迎您的光临。我是客房服务员Lisa，很高兴为您服务。"
- 规范引领。礼貌地请来宾出示房卡，确认房间号，遵循引领礼仪迅速引领宾客进房间，主动帮宾客提拿行李
- 礼让入房。按进出客房礼仪轻轻将房门打开，请宾客进入客房，征得宾客同意后摆放行李
- 根据情况介绍房间，服务灵活。在介绍房间的过程中，要根据接待宾客对酒店的熟悉程度和不同情况来进行，随时关注宾客的反应，避免引起宾客反感
- 礼貌离房。完成介绍房间的礼仪服务后，要征询宾客意见："很高兴为您服务，我是您住店期间的服务员Lisa，随时为您提供各项客房服务。请问您还有什么需要吗？"待宾客没有疑问后，用道别礼仪离房，并轻轻带上房门

知识链接

团队宾客迎接服务

当遇到团队宾客迎接服务时，楼层服务员除了按照散客迎接礼仪细致、耐心、周到地做好礼仪服务之外，还要注意以下要点。

(1) 照顾重点，兼顾随行。楼层服务员要用周到的规范礼仪照顾好主宾及随行人员，避免出现冷落宾客的情况。

(2) 按房号引领入房。

(3) 分清行李，避免出错。

信息页二 宾客离店服务礼仪

作为客房服务员，在为宾客提供离店服务时，要满足宾客对服务快捷的心理需要，快速准确地查房；同时，不可因宾客马上离店而对其冷淡或忽视，而要更加真诚地帮助宾客完成最后的检查工作，为最后的临别时光留下美好一刻。

(1) 事前准备。提前掌握好宾客的离店时间，做好各项预案工作。

(2) 礼送宾客。宾客离店，服务员要根据宾客的需求，本着方便宾客的原则来送别宾客。

(3) 梯口道别。当送别宾客至电梯口时，要主动地为宾客按住电梯；电梯门打开时，用手挡住电梯门，请宾客进入电梯，并协助行李员将行李放入电梯；然后鞠躬15°，告别："×先生，祝您一路平安！期盼您的再次光临！"

任务单一　楼层接待服务礼仪

你接到客房服务中心的宾客入住通知：有5位从美国来的宾客已办理完入住手续，这些宾客刚下飞机，非常疲惫；同时，他们也是第一次入住我店。

请问：你该如何进行迎客礼仪服务，使尚有陌生感的宾客备感温暖？

分组讨论

(1) 该如何为这5位宾客提供满意的迎客礼仪服务？在服务中需要注意哪些礼仪细节？

(2) 关注礼仪服务细节，讨论并完成评价。

小组评价	讨论是否认真、热烈（2分）	要点是否齐全（5分）	注意到细节（3分）	得分

任务单二　你该怎么做

需要入住一周的张先生在服务员Lisa进行客房介绍时，言语里流露出对楼层层高的不满意。

分组讨论

(1) 如果你是Lisa，该如何为宾客提供称心如意的服务？

(2) 关注礼仪服务细节，讨论并完成评价。

小组评价	讨论是否认真、热烈（2分）	要点是否齐全（5分）	注意到细节（3分）	得分

?? 任务单三　礼仪训练

训练项目：**楼层接待服务礼仪**

场景模拟一：接待散客

场景模拟二：接待团队宾客

训练要求：散客训练，将每3名学生分一组，分别扮演楼层服务员和两位宾客；团队训练，由每组分别为其他组服务的方式进行。通过练习掌握散客和团队宾客楼层接待礼仪，最后评出"最佳楼层服务员"。

训练程序：

(1) 互换角色进行训练，灵活运用接待宾客的礼仪操作；

(2) 针对宾客不同情况分别进行；

(3) 互相点评，指出优点和不足，共同体会礼仪对提升服务的要求；

(4) 评出优秀的小组表演；

(5) 学生总结，教师点评。

活动二▶ 客房日常服务礼仪

客房日常服务的质量至关重要，它直接反映了酒店的整体管理水平。客房服务员在提供客房日常服务时要注重礼节礼貌、规范服务、注意细节，使宾客享受到满意、超值的服务。

信息页一　遇客服务礼仪

酒店客房服务通常是"暗服务"，但在工作场合遇到宾客的情况也会经常发生。客房服务员在楼层工作中，遇到往来宾客时，不能只是忙于自己的工作，而应遵守遇客礼仪，主动避让并与宾客打招呼。

(1) 相遇要致意。与宾客相遇时要主动停下并致意，请宾客先行。如果能以宾客的姓氏加尊称称呼并问候，更会使宾客感到亲切。

(2) 超过要致歉。如果有急事需要超过前面的宾客，要先致歉，然后加快步伐离开。

(3) 宾客挡路要请求协助。如果宾客挡住走廊通道，应先礼貌招呼宾客，请求协助并致谢。

(4) 遇到宾客寻求帮助，要尽量帮助宾客解决或为宾客提供能解决问题的部门。

知识链接　　　　　　　　**客房服务礼貌用语**

您好！欢迎光临我们酒店。

我是客房服务员，很高兴为您服务。

我可以帮您拿行李吗？

请这边走。

请您出示一下房卡，谢谢！

这是您的房间，请进。

祝您××节日快乐！

请您好好休息，有事请打电话到服务台。

对不起，打扰您了！

我现在可以为您打扫房间吗？

×先生，您好。您要洗衣服，是吗？

×先生，您好。您的衣服已经洗好了，可以给您送到房间吗？

对不起，让您久等了。

我能为您做些什么？

对不起，等我查清楚了马上答复您，好吗？

请您对我们的服务提出宝贵意见。

欢迎您下次再来，请慢走。

信息页二　进出客房服务礼仪

客房服务员提供客房服务时，需要经常出入宾客的房间，原则上尽量不要过多打扰宾客，在需要进入的时候，则一定要符合礼仪服务规范。服务员进出客房走路要轻盈，开关房门时应操作轻快，让宾客处处感受到服务的温馨和到位，又没有任何不便之感。

客房服务员进入客房前，要仔细观察，结合楼层宾客入住情况准确判断，是住客房还是非住客房，是否有"请勿打扰"的提示等。

- 敲门标准。用食指或中指第二关节轻敲房门3下，时间节奏约为半秒
- 通报身份应清晰、明确。敲门后后退一步，面对门禁，通报身份，声音的高低以宾客能听到为准："您好！客房服务员。"
- 无人应答亦不可忽视礼仪。敲门后房内无人应答，等5秒钟后以同样的方法再敲门一遍；如仍无人应答，可将房门轻轻打开，确认没扣防盗链后，将门推至45°角左右，边推门边报身份
- 如宾客在房内，应先致歉，获得允许后方能进入房间，说明来意，征求宾客的同意后快速、规范地完成房内服务工作。如发现宾客正在休息或在卫生间，应当立即退出，轻轻带上房门
- 站位规范。与宾客交谈时，要站位合理，站姿规范，表情微笑、自然，目视宾客；切忌目光游离，东张西望
- 工作完毕，退至客房门口，面对宾客退出客房，轻关房门

信息页三 客房清扫服务礼仪

客房清扫服务是酒店客房服务中最平凡、琐碎的工作，但也是住店宾客所必需的。客房清扫时一定要注意服务礼仪规范，不要由于客房服务员不经意的举动，而给宾客带来不便或不快。客房清扫服务应在宾客方便时进行，避免过多打扰宾客，尊重宾客的生活习惯和隐私，为其提供完美的客房清扫和细心、周到的礼仪服务。

- 按进出客房服务礼仪进出客房
- 合理确定清扫时间。清扫客房一般在宾客外出时进行；如果宾客一直在房间，应礼貌地征求宾客意见，以确定合理的清扫时间；如果挂有"请勿打扰"的提示，则不能进房清扫；下午2:00时，可打电话到房间征询："您好，我是客房服务员，请问可以进房间打扫卫生吗？"
- 尊重宾客，注重细节。未经宾客同意，不要随意处置任何写有字的物件，不得动用、翻看宾客的物品，只稍作整理桌上的书报、文件、化妆品等；一般不能改变宾客物品的摆放位置，切忌随便扔掉宾客用品；清扫时不能接打电话或使用客房电话；当着宾客清洁客房时，应当减少进出客房的次数，动作迅速、轻稳，严格按操作标准提供服务
- 保证质量。按照客房清扫的标准完成清扫，让宾客享受到清洁、舒服的客房环境

?2 任务单一　礼仪训练

训练项目：遇客服务礼仪训练

情境模拟一：服务员与宾客相遇

情境模拟二：宾客挡住服务员的工作通道

训练要求：将每3名学生分一组，分别扮演正在工作的楼层服务员和两位宾客，通过不同场景练习遇客礼仪，最后评出"最佳楼层服务员"。

训练程序：

(1) 互换角色进行训练，灵活运用遇客服务礼仪；

(2) 针对遇到宾客的不同情况分别进行；

(3) 互相点评，指出优点和不足，共同体会礼仪对提升服务的要求；

(4) 评出优秀的小组表演；

(5) 学生总结，教师点评。

?2 任务单二　拓展提升

服务员Lisa正在楼层接听工作电话，这时张先生走过来，显然是有话要说。Lisa又

说了3分钟后挂了电话，回头看见张先生已经满脸愠色，赶紧上前招呼，但是张先生已经扭头走了。

分组讨论

(1) Lisa的做法是否合适：合适＿＿＿＿＿不合适＿＿＿＿＿(请把😊或☹填入横线)

(2) 如果你是Lisa，该如何解决？

_____

(3) 关注礼仪服务细节，讨论并完成评价。

小组评价	讨论是否认真、热烈 (2分)	要点是否齐全 (5分)	注意到细节 (3分)	得分

?任务单三　你会处理吗

服务员Lisa推着工作车来到1012号客房门前，准备敲门清扫房间。

请你思考并在书中找到解决办法：

(1) 如果你是Lisa，该怎样进房间？

(2) 进入房间后，发现浴室的门关着，里面有声音，该怎么办？

?任务单四　案例分析：被扔掉的台历

1208号房已离店的张小姐向酒店投诉：她放在客房写字台上的两本台历不见了。经调查，是客房服务员Lisa在进行客房清扫时，看见台历放在写字台上，以为宾客不要了，就随手收走了。但张小姐表示，那两本台历是她准备送给朋友的，退房时忘在了房间内。

分组讨论

(1) Lisa的做法是否合适：合适＿＿＿＿＿不合适＿＿＿＿＿(请把😊或☹填入横线)

(2) 如果你是Lisa，该如何解决？

_____

(3) 结合宾客遗留物品的处理方法，讨论并完成评价。

小组评价	讨论是否认真、热烈 (2分)	要点是否齐全 (5分)	注意到细节 (3分)	得分

?? 任务单五　服务提升

服务员Lisa在清扫客房时，发现宾客将一张靠背椅靠在床边，清扫卫生间时又发现了小孩的纸尿裤。

分组讨论

(1) 这个情境说明了什么问题？

(2) 如果你是Lisa，该怎样为宾客提供个性化的礼仪服务？

(3) 关注礼仪服务细节，讨论并完成评价。

小组评价	讨论是否认真、热烈 (2分)	要点是否齐全 (5分)	注意到细节 (3分)	得分

?? 任务单六　礼仪训练

训练项目：客房清扫服务礼仪训练

情境模拟一：宾客在房间

情境模拟二：宾客回来时

情境模拟三：宾客外出时

情境模拟四："请勿打扰"房

训练要求：将每2名学生分一组，分别扮演正在工作的楼层服务员和宾客，通过不同场景练习客房清扫服务礼仪，最后评出"最佳楼层服务员"。

训练程序：

(1) 互换角色进行训练，灵活运用进出客房和客房清扫服务礼仪；

(2) 针对客房内宾客的不同情况分别进行训练；

(3) 互相点评，指出优点和不足，共同体会礼仪对提升服务的要求；

(4) 评出优秀的小组表演；

(5) 学生总结，教师点评。

活动三　客房生活服务礼仪

宾客入住酒店客房后，主要的生活空间就是客房，客房服务员不仅要给宾客提供安全、整洁和舒适的客房环境，还需要为其提供生活上的便利，包括洗衣服务、物品租借、客房内的会议服务等，让宾客感受到酒店的温馨和便利。

信息页一 客房洗衣服务礼仪

酒店为宾客提供的洗衣服务是由客房服务员从客房内取得要送洗的衣物，统一由洗衣房来洗涤的服务。客房服务员在提供洗衣服务时要遵守服务规范，小心、仔细，多为宾客着想，避免给宾客带来不必要的损失，对酒店留下不良服务的印象。

- 确认需求，主动服务。客房服务员按进出客房礼仪进出客房
- 及时收取，认真检查，巧于沟通。客房服务员在收取待洗衣服时，应认真细致地清点、检查；将检查情况及洗涤要求，及时告知宾客，经宾客确认签字后再收取客衣，以免引起纠纷
- 按时送还。宾客返回房间后，客房服务员应及时将衣服送进宾客房间，待宾客清点和检查后再礼貌离开
- 能够针对不同情况妥善处理。如"请勿打扰"房或衣物需要快洗的，客房服务员应当给宾客留言，礼貌地告知宾客衣服已洗好并在楼层服务员处保存，宾客可随时通知服务员送回衣物。遇到宾客投诉，应尽快妥善解决问题，拖延时间是不礼貌的

知识链接

洗衣服务的"五清·一主动"

（1）五清：房号要记清；要求要写清；口袋要掏清；件数要点清；衣服破损、污渍要看清。

（2）一主动：主动送衣服到房间。

（资料来源：郑向敏，谢朝武.酒店服务与管理.北京：北京工业出版社，2004）

信息页二 客房内会议服务礼仪

酒店的宾客有时候会在客房内召开一些临时性的、小型的会议，客房服务员也要主动热情地为宾客营造适宜的办公环境，提供规范、高效、便利的礼仪服务。

客房内会客服务礼仪

- 真诚微笑，及时问候。有访客来访时，应当站立问候，礼貌、热情地接待来访者
- 适度询问，确认身份。礼貌地核对被访者的姓名、房号，征得宾客同意后，方可请访客办理登记手续，引领访客到宾客房间
- 态度和蔼，周到服务。主动为来访者递送小毛巾、敬茶，若来访者超过3人，还要添加座椅，主动询问有无其他需要
- 后续服务周到。会客结束后要协助送客，及时撤出多加的座椅、茶具等
- 避免过多打扰宾客

客房内会议服务礼仪

- 服务准备。明确宾客对客房内会议服务的要求，进行布置；如需要投影仪等设备应提前进行安排
- 礼让宾客。会议宾客到达后，应礼貌问候，礼让入房，并提供茶水服务
- 会议中服务。添茶续水不宜过频，服务时要保持安静，动作迅捷
- 会议结束后礼送宾客，清洁、整理房间，重新恢复客房设置

信息页三　宾客租借用品服务礼仪

　　酒店为了满足宾客的个性化需求，通常会在客房服务中心为宾客准备多种租借设备及用品，方便宾客使用，以体现个性化服务。宾客以电话形式租借相关用品，值班员除了要注意电话接听礼仪外，还要在对客服务中注意其他礼仪规范和要求。

- 按照接听电话礼仪接听电话
- 服务热情，准确记录宾客的要求和来电时间
- 及时满足，快速送达。一般用品应保证在5分钟之内送到宾客房间，如酒店无法提供宾客想要租借的用品，应当说明原因，尽量协助宾客解决问题
- 礼貌签收并致谢。宾客收到或返还租借用品时，服务员按递物礼仪将签字笔递到宾客手中，请宾客签收，注明租借和返还时间

任务单一　客房洗衣服务

下发任务	服务员Lisa拿到了吴女士送洗的客衣，仔细检查后发现衣服后腰处掐腰的装饰少了一处(洗衣单上没有装饰缺少的记录)，不仔细看是发现不了的。Lisa很紧张，同事Mary提供了3种解决方案，请你来分析一下每种方案的优缺点			
解决方案	方案一：坦诚地面对吴女士，告知实情，为表示歉意，免去客衣的清洗费用 方案二：立即为吴女士的衣服配上相同的装饰，及时送还；若因为配装饰耽误了衣服的送还，应提前恰当地解释，取得宾客的同意和谅解，再立即行动，争取给宾客提供最好的服务 方案三：不必告知吴女士，待她发现询问再作解释，若宾客需要则为她重配装饰			
方案分析	请选择合适的解决方案：方案一＿＿＿＿　　　方案二＿＿＿＿　　　方案三＿＿＿＿ (请把☺或☹填入横线)，并进行分析			
服务提升	如果Lisa在洗衣单上找到客衣送洗前就缺少了部分装饰的记录，该怎么办？			
分组讨论 (选择依据)				
小组评价	讨论是否认真、热烈 (2分)	方案分析准确 (5分)	注意到细节 (3分)	得分

任务单二　访客礼仪训练

　　情境模拟：宾客在房间，有访客到来。

　　训练要求：将每2名学生分一组，分别扮演正在工作的楼层服务员和宾客，进行访客礼仪服务。

　　模拟练习：

　　楼层服务员：您好！我能为您做些什么吗？

　　宾客：你好！我想找516号房的张先生。

　　楼层服务员：请问您的姓名和工作单位？

　　宾客：我是××单位的李强，已经和张先生约好了。

　　楼层服务员：好的，李先生，请您稍等。

　　(电话联系张先生，张先生同意会面)对不起，李先生，让您久等了。请这边走。

　　(在宾客左侧前方规范引领)

　　(按进出客房礼仪敲门进房)张先生，您好！您的客人李先生到了。

(稍后，提供茶水服务)

楼层服务员：(按规范敲门进房)张先生，给您送茶水。我可以进来吗？

张先生：请进！

楼层服务员：(做请的手势)张先生，请用茶；李先生，请用茶。

张先生：谢谢！

楼层服务员：不客气，很愿意为您效劳。张先生，您还有什么需要吗？

张先生：没了。

楼层服务员：好的。祝两位愉快！再见！

(后退3步，转身礼貌地离开客房)

任务单三　你知道该怎么做吗

服务员Lisa接到客房服务中心的任务，2008的宾客李先生明天上午10点在客房内有一个重要会晤，请Lisa与李先生联系，明确明天会晤的具体要求。你知道该怎么做吗？

讨论一下：_____

任务单四　租借用品礼仪训练

情境模拟：宾客打电话租借电熨斗

训练要求：将每2名学生分一组，分别扮演正在工作的楼层服务员和宾客，进行租借用品礼仪训练。

模拟练习：

客房服务中心：(电话铃响3声以内)您好！客房服务中心。我能为您做些什么吗？

宾客：你好！我是1206的客人，我们想要熨衣服，能借一个电熨斗并送到我房间吗？

客房服务中心：好的，是1206房间？马上给您送过去。再见！

(请宾客先挂断电话，稍后)

楼层服务员：(敲门，通报)您好！客房服务员。

宾客：请进！

楼层服务员：王先生，这是您要租借的电熨斗，我给您放在桌子上吗？

宾客：就放在那儿吧。

楼层服务员：您还有什么需要吗？

宾客：没有了。

楼层服务员：祝您愉快！再见！

宾客：再见！

(后退3步，转身礼貌地离开客房)

知识链接

某星级酒店的服务礼仪要求

下面是某星级酒店对客房服务员的服务操作礼仪要求，请你对照着来自查一下吧！

（1）"三轻"：说话轻、走路轻、操作轻。

（2）"五声"：宾客来店有欢迎声、宾客离店有告别声、宾客表扬有致谢声、工作不足有道歉声、宾客欠安有慰问声。

（3）"五个服务"：主动服务、站立服务、微笑服务、敬语服务、灵活服务。

（4）"八字"：

迎：宾客到达时要以礼当先，热情迎客。

问：见到宾客要主动、热情问候。

听：善于听取宾客意见，不断改进，把服务工作做在宾客提出之前。

灵：办事要认真，机动灵活，应变能力强。

勤：手勤、眼勤、嘴勤、腿勤，迅速稳妥地为宾客提供快捷、准确无误的服务，不图省事，不怕麻烦。

洁：房间要保持清洁，勤检查、整理房间；坚持茶具消毒，保证宾客身体健康。

静：工作中保持楼层环境的安静。

送：宾客离店要送行，表示祝愿，欢迎再次光临。

任务评价

楼层服务礼仪

评价项目	具体要求	评价			建议
		☺	😐	☹	
楼层服务员服务礼仪	1. 掌握客房迎送服务礼仪				
	2. 熟练运用客房日常服务礼仪进行服务				
	3. 能正确运用客房生活服务礼仪为宾客提供服务				
学生自我评价	1. 准时并有所准备地参加团队工作				
	2. 乐于助人并主动帮助其他成员				
	3. 能够倾听他人意见并与之交流				
	4. 全力以赴参与工作并发挥了积极作用				
小组活动评价	1. 团队合作良好，都能礼貌待人				
	2. 团队成员在工作中彼此信任，互相帮助				
	3. 所有成员对团队工作都有所贡献				
	4. 对团队的工作成果满意				
总计		个	个	个	总评

在楼层服务礼仪的学习中，我的收获是：

管家服务礼仪

任务三

星级越高的酒店越重视经常性高规格的VIP散客和商务团队宾客的入住，这需要酒店对宾客提供品质更高的接待、商务等服务，为此推出了管家服务。

工作情境

Lisa被酒店指定提供管家服务，这天接到任务：明天晚上8:00，将有一位集团董事下榻本店。Lisa马上查询客史档案，掌握该贵宾的个人习惯及爱好，结合酒店的服务标准提前做好了服务设计和准备。

具体工作任务

- 掌握客房管家服务礼仪中客房准备礼仪、迎领接待礼仪、跟进式服务礼仪和离店服务礼仪；

- 了解免费冷热饮服务礼仪的要求；

- 能够熟练运用管家服务礼仪，提升酒店礼仪服务品质。

活动 ▶ 管家服务礼仪

管家服务采用一站式服务模式，为宾客提供全过程跟进式服务，针对不同宾客的需求，集酒店前厅、客房、餐饮、会议等部门的服务于一体，具有高度的个性化和人性化的特点。

信息页一 管家一站式服务礼仪

管家一站式服务礼仪要让宾客感受到超出预期的尊贵、贴心、舒适和便利，以提升酒店的品质和服务规格，要处处体现深知您意、尽得您心的服务理念。

客房准备礼仪

- 服务准备礼仪。前台预订要提前检查客史记录，确定VIP宾客的喜好，有针对性地订好房间
- 客房检查礼仪。VIP宾客抵店前两个小时，进行客房、设施、用品及安全性检查。房间布置要符合宾客的喜好和生活习惯，确保对宾客个性的尊重；如果宾客是夜间到达，要提前为宾客拉好窗帘，打开房灯，准备好宾客喜欢的饮品、水果、食品等。

引领接待礼仪

- 着装规范，微笑等候。提前10分钟到大厅迎接宾客，叉手站姿站立
- 礼貌迎客，自我介绍
- 规范引领。确认宾客姓名及房间号，遵循引领礼仪迅速引领宾客去房间
- 礼让入房。按进出客房礼仪轻轻将房门打开，请宾客进入客房，征得宾客同意后配合行李员摆放行李

- 介绍酒店设施及房间情况，服务灵活。管家需要主动了解VIP宾客对客房服务设备的需求，并随时记录，体现对宾客交办事宜的重视；在介绍设施及客房时，要根据接待宾客对酒店的熟悉程度和不同情况进行，随时关注宾客的反应，避免引起宾客反感
- 礼貌离房。把握好宾客急于入住、安顿下来的心理，宾客接待入房后，要征询宾客的日程安排及服务跟进，待宾客没有疑问后，用道别礼仪离房，并轻轻带上房门

跟进服务礼仪

- 尊贵、贴心的一站式服务。满足VIP宾客对整理房间、点餐、房内用餐、夜床、叫醒、洗衣、用车、商务秘书等方面的要求，24小时为其提供细致、周到、便利的服务

- 观察、收集VIP的喜好和个性要求，妥善处理VIP的意见和建议，做好客史档案记录

离店服务礼仪

- 提前掌握好VIP宾客的离店时间，为其安排用车、叫醒和行李服务，确保VIP宾客满意离店

信息页二　免费冷热饮服务礼仪

　　管家服务每天要为贵宾提供免费的冷热饮及敬茶服务，服务中要注意尊重其需求和喜好，服务及时、规范，动作优雅。

(1) 真诚问候。

(2) 服务及时。

(3) 饮品温度适宜。

(4) 尊重宾客。

任务单一　礼仪训练一

　　训练项目：迎接贵宾服务礼仪

　　训练要求：将每3名学生分一组，分别扮演楼层服务员和两位贵宾。

　　训练程序：

(1) 互换角色进行训练，灵活运用接待宾客的礼仪操作；

(2) 针对宾客不同情况分别进行；

(3) 互相点评，指出优点和不足，共同体会礼仪对提升服务的要求；

(4) 评出优秀的小组表演；

(5) 学生总结，教师点评。

任务单二　礼仪训练二

　　Lisa被酒店指定提供管家服务，这天接到任务：明天晚上8:00，将有一位集团董事下榻本店。Lisa马上查询客史档案，掌握该贵宾的个人习惯及爱好，结合酒店的服务标准提前做好了服务设计和准备。

分组讨论

(1) 这个情境说明了什么问题？

(2) 如果你是Lisa，该怎样为宾客提供个性化的礼仪服务？

(3) 关注礼仪服务细节，讨论并完成评价。

小组评价	讨论是否认真、热烈 (2分)	要点是否齐全 (5分)	注意到细节 (3分)	得分

任务评价

<table>
<tr><th colspan="6">管家服务礼仪</th></tr>
<tr><td rowspan="2">评价
项目</td><td rowspan="2">具体要求</td><td colspan="4">评价</td></tr>
<tr><td>☺</td><td>😐</td><td>☹</td><td>建议</td></tr>
<tr><td rowspan="3">管家服务礼仪</td><td>1. 掌握管家一站式服务礼仪要求</td><td></td><td></td><td></td><td></td></tr>
<tr><td>2. 了解客房管家免费冷热饮服务礼仪要求</td><td></td><td></td><td></td><td></td></tr>
<tr><td>3. 能够熟练运用管家服务礼仪进行管家服务，提升酒店礼仪服务品质</td><td></td><td></td><td></td><td></td></tr>
<tr><td rowspan="4">学生自我评价</td><td>1. 准时并有所准备地参加团队工作</td><td></td><td></td><td></td><td></td></tr>
<tr><td>2. 乐于助人并主动帮助其他成员</td><td></td><td></td><td></td><td></td></tr>
<tr><td>3. 能够倾听他人意见并与之交流</td><td></td><td></td><td></td><td></td></tr>
<tr><td>4. 全力以赴参与工作并发挥了积极作用</td><td></td><td></td><td></td><td></td></tr>
<tr><td rowspan="4">小组活动评价</td><td>1. 团队合作良好，都能礼貌待人</td><td></td><td></td><td></td><td></td></tr>
<tr><td>2. 团队成员在工作中彼此信任，互相帮助</td><td></td><td></td><td></td><td></td></tr>
<tr><td>3. 所有成员对团队工作都有所贡献</td><td></td><td></td><td></td><td></td></tr>
<tr><td>4. 对团队的工作成果满意</td><td></td><td></td><td></td><td></td></tr>
<tr><td>总计</td><td></td><td>个</td><td>个</td><td>个</td><td>总评</td></tr>
</table>

在管家服务礼仪的学习中，我的收获是：

任务四　公共区域清洁员服务礼仪

酒店公共区域是酒店公众共有、共享的区域和场所，有前台、后台，室内、室外之分，是酒店不可缺少的部分。酒店的公共区域人来人往，需要公共区域清洁员提供细致、周到的服务，这同样关系到酒店的形象、服务和管理水平。

工作情境

Sofia正在大堂擦拭装饰物，看见一个四五岁的小朋友跑来跑去，一不小心摔在了光洁明亮的大理石地面上，还将手中的可乐洒了出去。Sofia放下手中的工具，脱下手套，迅速上前扶起了小朋友。

具体工作任务

- 了解公共区域卫生间清洁服务礼仪；
- 了解公共区域清洁服务礼仪。

活动一▶ 公共区域卫生间清洁服务礼仪

公共区域清洁员服务礼仪主要涉及公共区域卫生间清洁服务礼仪、公共区域清洁服务礼仪，下面我们就一起来学习一下吧！

信息页 公共区域卫生间清洁服务礼仪

高星级酒店的公共区域不仅要显示出豪华、高档，还要注意公共卫生间这样的"小处"，以及相应的待客礼仪和规范。在高星级酒店中，卫生间由专职服务人员管理，负责清洁卫生间，并为宾客提供开门等服务。

- 着装整洁、规范，始终保持服务状态
- 热情问候。服务员一般应站在卫生间内适当位置处提供服务，宾客到来时，应面带微笑并鞠躬15°致意
- 留意宾客需求，主动服务。待宾客方便完毕，应礼貌、迅速地示意感应式水龙头、洗手液、擦手纸巾等，请宾客自便
- 注意细节。女性宾客补妆时，服务员应打亮灯光并适当回避；遇有需要提供帮助的宾客，应主动服务，并提醒宾客注意安全
- 真诚道别。宾客离开时，服务员应当主动拉门，热情道别："请慢走。"门的开度一般为70°左右，门不能敞开着，这既是对里面宾客的尊重，也是对路过宾客的尊重
- 大清洁、消毒、补充卫生用品等工作尽量避开人多的时候，如果打扰到宾客要礼貌致歉

⁇⁇任务单　公共区域卫生间服务礼仪

　　服务员Lily每天的工作就是在公共区域卫生间做清洁服务。这天来了一位老人，在自动感应出水器前站了半天，水就是不出来，没有办法洗手。如果你是Lily，应该怎么办？

　　服务细节：

_____

活动二　公共区域清洁服务礼仪

信息页　公共区域清洁服务礼仪

　　负责公共区域清洁的服务员通常要在宾客面前进行各项工作，要负责酒店办公室、员工工作区域、大堂等服务区域的清洁卫生工作，因此要穿着整洁、卫生、得体，讲究个人卫生和形象。清洁公共区域时，服务员应当保持专业的工作状态，走路轻盈、动作熟练，尽量不要打扰宾客。

- 遇客热情问候。公共区域服务员应当随时微笑面对宾客，相遇时应当礼貌问候，注意与宾客的目光接触要友好，不能只顾低头干活，忽视礼貌待客
- 礼让宾客。清扫大堂地面时，要随时留意周围的宾客，不能妨碍宾客的自由行走，主动让路
- 服务主动、规范。清理宾客休息处的废纸和其他杂物的频次要高，动作要轻，尽量不打扰宾客；遇到需要帮助的宾客应主动服务
- 遇到下雨、下雪天，擦拭玻璃幕墙、大理石地面积水等时，要注意宾客的安全，及时安放好黄色提示牌。必要时礼貌提醒宾客注意防滑

⁇⁇任务单　惹事的可乐

　　Sofia正在大堂擦拭装饰物，看见一个四五岁的小朋友跑来跑去，一不小心摔在了光洁明亮的大理石地面上，还将手中的可乐洒了出去。

如果你是Sofia，面对这种情况该如何进行礼仪服务呢？

服务细节：

任务评价

公共区域清洁员服务礼仪

评价项目	具体要求	评价			建议
		😊	😐	😞	
公共区域清洁员服务礼仪	1. 了解公共区域卫生间清洁服务礼仪				
	2. 了解公共区域清洁服务礼仪				
	3. 面对宾客时能够熟练运用礼仪进行服务				
学生自我评价	1. 准时并有所准备地参加团队工作				
	2. 乐于助人并主动帮助其他成员				
	3. 能够倾听他人意见并与之交流				
	4. 全力以赴参与工作并发挥了积极作用				
小组活动评价	1. 团队合作良好，都能礼貌待人				
	2. 团队成员在工作中彼此信任，互相帮助				
	3. 所有成员对团队工作都有所贡献				
	4. 对团队的工作成果满意				
总计		个	个	个	总评

在公共区域清洁员服务礼仪的学习中，我的收获是：

餐饮服务礼仪

随着社会的进步，人们的交往范围不断扩大，与此同时，对服务人员的服务水平要求也越来越高。餐饮服务人员的礼仪服务水平高低已经成为餐饮部门吸引客源的重要手段和措施。

餐饮服务礼仪是指在餐饮服务工作中形成的，得到人们普遍认同的服务人员应该遵守的行为规范和准则，是人们衡量餐厅服务水平的重要依据。

餐饮服务礼仪因餐饮部门不同，也表现为各种不同的礼仪规范。下面将结合餐饮服务对个性化礼仪的要求，从中餐服务、西餐服务、送餐服务、"三吧"服务等不同的服务形式出发，详细阐述各项礼仪规范，以便为宾客提供热情、周到、满意的服务。

课程思政元素：

总体要求：在餐饮服务礼仪学习和训练中要坚持敬业、精益、专注、创新。

岗位要求：在餐饮礼仪服务中要注重热情、周到、细致、认真、自觉、个性化服务，为宾客推荐菜品时厉行节约、按需点菜、绿色用餐，倡导公勺公筷。

耐心服务，做本领硬、有创新的酒店人！

——致学习中的你

中餐服务礼仪

任务一

中国是闻名世界的"礼仪之邦"，其饮食文化源远流长。在漫长的历史发展过程中，形成了一整套完整的中餐礼仪规范。对宾客来说，在酒店餐厅用餐既是需要又是享受。中餐服务员在与宾客的接触过程中，无论一举一动还是只言片语，都会在宾客心目中留下深刻印象。宾客可以根据服务人员的服务态度和服务方式判定酒店餐饮服务的优劣和管理水平的高低。

工作情境 🔍

正值晚上用餐高峰时期，到中餐厅来用餐的宾客一波又一波，迎宾员Serena笑容可掬地站在餐厅门口，亲切地问候着前来用餐的宾客。王小姐一家如约而至，受到了迎宾员的热情接待。拉椅让座后，值台服务员递上菜单，开始了一系列的服务。

具体工作任务

- 掌握餐厅预订服务礼仪；
- 掌握中餐服务中的迎宾和送客服务礼仪；
- 掌握中餐服务中值台服务员在宾客就餐期间提供的开餐和就餐服务礼仪；
- 熟知中餐宴会迎宾服务礼仪，为宾客提供规范的宴会前接待礼仪服务；
- 掌握宴会席间服务礼仪；
- 完成任务单中各项服务礼仪的案例分析及处理；
- 完成中餐服务礼仪训练；
- 能够熟练地运用中餐服务礼仪进行中餐零点及宴会礼仪服务。

活动一 ▶ 餐厅预订服务礼仪

城市越来越大，生活节奏越来越快，受欢迎的餐厅到了用餐时间根本找不到座位。总站在门口等号排队也不是办法，越来越多的人开始选择餐饮预订服务，餐位轻松搞定，有时还能享受折扣。

从餐厅礼仪服务的角度出发，宾客提出了订餐要求，餐厅不仅要一一满足，还要让陌生的宾客感受到服务的热情和尊重，令常客体会到老朋友的关照，使准备重要宴请的宾客放心、称心。正是对中餐预订礼仪的注重，带来服务质量的提升，起到画龙点睛、锦上添花的作用。

信息页　预订服务礼仪

在接受宾客预订的过程中，预订员要认真倾听，了解宾客需求，征询宾客意见，提供餐厅有关信息，做好预订记录。在这个环节，预订员要主动征询，以良好的服务态度和礼仪规范对待宾客的预订。

餐厅预订一般有当面预订和电话预订两种形式。当面预订要求预订员既要注重外在礼仪形象，也要强调礼仪的内涵，在服务中注意着装、微笑、目光交流、聆听等礼仪规范的实际运用；电话预订由于宾客不在现场，预订员更要加强接听电话礼仪，以使宾客得到满意的答复，高效地完成餐厅预订任务。

当面预订服务礼仪

- 着装要求。服装整洁，仪态端庄，修饰得体，给宾客留下良好的第一印象
- 问候宾客。面带微笑，礼貌问候宾客，主动征询宾客："先生/女士，下午好！很高兴为您服务。"
- 了解需求。礼貌地询问宾客的姓名，对报出姓名的宾客，预订员要带姓称呼其"×先生/×女士"，以示对宾客的尊重。仔细聆听宾客介绍，了解宾客身份、用餐时间、人数、桌数、用餐标准、是否靠窗及联系方式等资料，征得宾客同意后为其安排包间或餐台
- 接受预订。向宾客复述预订的内容，请宾客确认并签字；礼貌地告诉宾客餐位最后的保留时间
- 无法满足宾客的预订要求时，应当说明原因。拒绝的方式和用语应当委婉，留有余地，对宾客表示理解，积极提出替代性建议，并给予安慰，切忌直接跟宾客说"不行"或"做不到"
- 致谢告别："非常感谢您来我们餐厅用餐，晚上6:00，我们恭候您的光临！请您慢走！"

(续表)

电话预订服务礼仪

- 问候宾客。铃响3声内接听电话，使用规范的服务用语向宾客问好，并准确报出餐厅名称及自己的姓名
- 了解需求。如果是住店宾客要求送餐，还需要主动向宾客推荐当日菜品，耐心细致、重点突出地描述菜品的原料、味道、配料、所用调料、制作方法等
- 接受预订
- 致谢告别。结束通话时，应当向宾客真诚致谢，确认宾客已完成通话后再轻轻挂断电话

?☞ 任务单一　镜子虽小妙处大

(1) 餐厅预订员在上岗前，要先拿小镜子照一照，你知道这是为什么吗？

(2) 请你来模拟演示一下，在镜子中看到了什么？

(3) 写出你的感想吧！

?☞ 任务单二　分小组模拟两种预订服务的礼仪，填写记录并完成评价

预订登记表

年　　月　　日

桌号	午餐					晚餐				
	姓名	电话	时间	人数	特殊要求	姓名	电话	时间	人数	特殊要求
VIP房										
包房1										
包房2										
1号台										
2号台										
备注										

学生评价：

预订员体态语言的礼仪完成情况：＿＿＿＿＿＿＿＿＿＿＿＿＿＿＿＿＿＿＿＿

预订员的基本礼貌用语完成情况：＿＿＿＿＿＿＿＿＿＿＿＿＿＿＿＿＿＿＿＿

教师评价：

小组模拟完成情况：

要点：预订是一种承诺，应强调时间，记录要准确；预订员既要精通业务，又要具备良好的服务意识和道德修养。

?? 任务单三　礼仪训练

训练项目：听得见的"微笑"训练

训练目的：扮演餐厅预订员，对镜练习，通过模拟掌握餐厅预订礼仪，高效完成预订任务。

程序及礼仪要求：

(1) 铃响3声内接起；

(2) 面带微笑，声音欢快甜美，服务态度好；

(3) 接听电话用语规范简练，语速适中；

(4) 重复宾客的预订要求。

活动二▶ 餐厅迎送服务礼仪

餐厅迎送如同生活中亲朋好友的迎来送往，有着丰富的形式和内涵。迎宾员作为餐厅形象的代表，就是在迎接和送别宾客的过程中，用优美的服装、甜美的微笑、规范的礼仪来向宾客展示自己的热情和友好，使宾客产生喜爱与惜别之情。

餐厅迎送服务礼仪活动中，服务人员需要用到站姿服务礼仪、迎送服务礼仪、安排就座服务礼仪和呈递菜单服务礼仪等。

信息页一　迎宾服务礼仪

迎送服务礼仪包括迎宾和送客两个服务环节。在迎宾服务中，迎宾员要站位醒目，主动迎候宾客；态度热情友好，称呼正确；同行的宾客很多时，要突出主宾，兼顾其他宾客，规范引领到位。

- 微笑迎宾。在开餐前5～10分钟，领位员面带微笑地站在餐厅门口的迎宾台前或视野开阔、便于环视四周的位置迎候宾客
- 仪态得体。站姿要端正，眼睛平视，环顾四周，面带微笑，时刻给宾客以精神饱满、庄重自信的印象
- 主动问候。当宾客到达时，主动上前，鞠躬15°致意，热情问候。如果是多位宾客前来用餐，应先问候主宾，再问候其他宾客
- 核对预订。根据情况询问宾客是否有预订，并核对人数
- 规范引位。领位员走在宾客的左前方1m左右引领，手势标准，随时用言语或目光关照宾客并引领到位
- 拉椅让座。宾客入座，由领位员(或值台服务员)平稳地将椅子拉出，并微笑、伸手示意宾客就座

信息页二 安排就座服务礼仪

领位员在为引领的宾客安排座位时，要做好调度、协调工作，根据是否预订、就餐宾客的人数及不同的就餐需求，主次分明、灵活及时地为宾客安排合适的就餐座位，掌握宾客的就餐动态。

- 按序接待。根据就餐人数及宾客到来的先后次序招待宾客入座
- 安排合理。带领宾客入座时，应当一步到位，避免不断地更换座位(宾客要求除外)
- 服务有技巧。宾客对安排的座位不满意，要求立即调换时，应尽量满足宾客的要求。若无法满足宾客的要求，应有礼貌地向宾客道歉并解释原因，并把宾客安排到其他可选桌位，以体现诚意

知识链接 **引座的技巧**

为了充分发挥餐厅的就餐能力，使宾客就餐人数与桌面容纳能力相适应，并保证宾客满意，领位员应根据具体情况、具体对象，因人而异地安排就餐座位。下面这些基本技巧你知道吗？

（1）领位员可以将第一批宾客安排在靠近入口或距离窗户较近的餐桌，使后来的宾客感觉餐厅人气旺盛、气氛热烈。

（2）将衣着鲜艳、入时华贵的女宾安排在餐厅较为显眼的地方，可以为餐厅增加亮色，并满足宾客引人关注的心理；当有类似女性在场时，餐桌最好安排得远些，以免使她们产生一争高下的心理。

（3）来就餐的单身宾客、情侣、夫妇适合安排在环境幽雅、安静的双人座，这些地方比较私密、有情调。

（4）一家人或是亲朋好友前来聚餐，要引领到餐厅的里侧，便于宾客用餐，也不会影响其他宾客用餐；尤其是在有小孩的情况下，一定要安排在离通道较远的位置，既保证小孩的安全，又便于餐厅员工的服务。

（5）年老体弱的宾客来用餐时，应尽可能安排在离入口较近、出入方便的地方；对于有明显生理残缺的宾客，要安排在能遮掩其不便的位置就座，以示体贴。

信息页三　呈递菜单服务礼仪

迎宾员在开餐前要检查菜单，保证菜单干净、整洁、无破损，并且数量充足。当领位员将宾客引领到位后，就要用递物礼仪呈递菜单，请宾客点餐，然后交给值台服务员进行后面的服务。

- 站位合理，双手递送。领位员应选择合理的站位，目视宾客，用双手呈递菜单，一只手拿菜单或直接将菜单放在桌面上或客人手里是不礼貌的
- 善于观察。菜单应先递送给主人并微笑着说："请您点餐！"如果不能确认谁是主人，可征询宾客意见："请问，由哪位点餐？"再递送菜单
- 细心周全。当单桌客人较多时，可以多递送几本菜单；点餐时，要照顾到在场所有宾客
- 先后有别。如果宾客较多，应该按照宾客到来的先后顺序递送菜单，不能厚此薄彼

信息页四　送客服务礼仪

亲切的服务态度及诚挚的欢迎是宾客接触餐厅的第一印象，这是好的服务及愉快用餐的开始；礼貌地送别，亦是巩固第一印象的关键。

酒店服务中有一个众人皆知的公式"100－1=0"，即前面的服务都很好，但一个环节的不到位就可能前功尽弃。送客服务正是餐饮服务工作的最后环节，是巩固第一印象，引发下次消费的关键。在实际工作中，服务人员要做好送客服务礼仪，体现优质服务。

热情送客是礼节礼貌的体现，表达了对宾客的尊重及诚挚的欢迎和谢意。送客时，一般先由值台服务员送别，或陪送到餐厅门口后由领位员欢送，并希望下次光临，使宾客感受到服务的真诚和温暖。

- 协助宾客离座并道别。宾客起身离座，值台服务员要主动上前拉椅，提醒宾客带好随身物品，送客道别，必要时礼送宾客至餐厅门口
- 礼送宾客。迎宾员施30°鞠躬礼，敬语致谢并告别："谢谢您的光临，请走好！"
- 服务要有针对性。如有必要，领位员可将宾客引领出餐厅并为宾客按电梯，微笑目送宾客离开

任务单一　如何服务等位宾客

在用餐高峰时段，经常会出现宾客等位的情况。迎宾员Serena正在紧张地迎宾，这时餐厅又来了4位宾客。

温馨提示：怎样留住宾客，要注意哪些细节？

分组讨论

(1) 该怎样用规范的迎接礼仪来接待？应注意哪些细节？

(2) 分组模拟演练。

(3) 模拟并完成评价。

小组评价	讨论是否认真、热烈 (2分)	要点是否齐全 (5分)	注意到细节 (3分)	得分

任务单二　如何引领

迎宾员Serena看到4位宾客一起走入餐厅，其中两位女士非常时尚耀眼，另两位男士也是西装革履、衣着新潮。

分组讨论

(1) 该如何为这4位宾客提供满意的服务？在服务中需要注意哪些礼仪细节？

(2) 完成评价。

小组评价	讨论是否认真、热烈 (2分)	要点是否齐全 (5分)	注意到细节 (3分)	得分

任务单三　礼仪训练

训练项目：引领宾客的训练

训练目的：将学生分两组，分别扮演用餐宾客及领位员，通过模拟练习掌握迎宾礼仪。

程序及礼仪要求：

(1) 走在宾客左前方，身体侧向宾客，距离1～1.5m；

(2) 左手轻握拳在胸前画圈打开，五指伸直并拢，掌心斜向上方，朝向指示方向；伴以礼貌用语，"您请"或"您这边请"；

(3) 在引领过程中，面带微笑，目光要兼顾宾客和所指方向；

(4) 向宾客表示清楚后，适当放下手臂。

任务单四　情境模拟

模拟练习中餐迎宾与送客礼仪，看看你能否使宾客高兴而来、满意而归。

人员分配：迎宾员1位，用餐宾客4位(3男1女)。

情境一：宾客来餐厅用餐，领位员微笑迎客、引领就座、呈递菜单。

情境二：宾客用餐完毕，离开餐厅，领位员礼送宾客。

(1) 模拟迎宾和送客的过程：分小组模拟，最后由老师带领的点评小组进行评价。

(2) 完成下面的评价。

评价项目	情境安排 (3分)	演示内容 (3分)	表情流露 (2分)	规范体态 (2分)	总分 (10分)	
评价标准	情境模拟符合岗位实际，鲜明有特色	注重服务礼仪细节；熟练、自如	表情(微笑)和语言适度结合	仪态大方，适度	自评	互评
第　组						
第　组						
点评小组记录	优点： 问题：					

活动三▶ 开餐与就餐服务礼仪

　　宾客入座后，值台服务员就开始为宾客进行开餐和就餐服务。在这个过程中，需要值台服务员仪容仪表得体大方，服务操作规范到位，主动热情、周到耐心，让宾客欣赏到服务员优美的姿态、娴熟的技艺，无微不至的服务和关怀，得到精神上的满足。

　　开餐和就餐服务需要值台服务员掌握开餐服务礼仪、菜肴服务礼仪、酒水服务礼仪、席间服务礼仪、结账服务礼仪等。

信息页一　开餐服务礼仪

　　值台服务员要负责值台区域的一切就餐服务。在开餐服务中，主要是为宾客提供拉椅让座、斟倒茶水、小毛巾、铺口布和点菜等服务，为后面的就餐服务奠定基础。服务要主动、到位，随时关注餐厅的每一位宾客，使其获得情感上的愉悦。

	斟茶服务礼仪 • 着装整洁，微笑服务 • 及时敬茶，顺序正确。宾客入座后，服务员在宾客右侧按先宾后主(或先长辈后小辈、先女士后男士)的顺序斟倒茶水 • 添量适中。遵照中国斟茶礼仪，茶斟倒七八分满即可(服务蒙古族人时要斟满) • 随时续斟。第一次斟茶完毕，服务员可将续满水的茶壶放在餐桌上，壶嘴不能对着宾客。巡台时可以为宾客续茶水 • 礼貌规范，注意细节。服务员要随时关照用餐的宾客，发现宾客将茶壶盖移至壶柄处(或宾客自己拿起茶壶东张西望)时，应立即上前致歉，请宾客稍等，添茶续水，并帮助宾客斟倒
	**小毛巾(香巾)服务礼仪** • 微笑问候。服务员到餐桌前，应当礼貌问候宾客 • 顺序正确，避免拿错。按宾客人数，顺时针方向绕桌服务，并说："请用毛巾。"根据餐具摆放和各餐厅的规范，将香巾置于宾客右侧、左侧，或将两位宾客的毛巾托并排摆放 • 撤换及时。征询宾客同意后及时撤下宾客用过的冷香巾

(续表)

	**铺餐巾服务礼仪** • 站位合理，顺序正确。宾客全部就座后，服务员应当选择合理的站位，按先宾后主、女士优先的原则为宾客铺餐巾 • 仪态端庄，铺放轻盈，方便使用。铺餐巾时，服务员通常站在宾客右侧，从水杯或餐盘中轻轻拿起餐巾，对角打开、右手在前、左手在后，将餐巾轻轻压放在餐盘下(左侧铺餐巾手法相反)；保持端庄优美的服务仪态，避免胳膊碰到宾客身体 • 尊重宾客。铺餐巾前，服务员要先用手势示意，后为宾客服务；如果宾客愿意自己来铺餐巾，要微笑表示感谢，不能坚持为其服务
 	**点菜服务礼仪** • 征询点菜，时机得当。服务员要选择合适的站位，目视宾客，面带微笑，待宾客示意点菜后，紧步上前，询问："可以为您点菜吗？" • 提供建议。服务员要善于观察，细心周到地根据宾客的性别、年龄、口音、言谈举止等，判断宾客的饮食喜好，有针对性地向宾客推荐菜肴，互动良好 • 手势正确。为宾客介绍菜单中的菜品时，应掌心斜向下方，五指并拢进行介绍，切忌用手指或手中的笔指指点点 • 站立规范。为宾客点菜时，保持良好站姿，不能将订菜单或iPad放在宾客餐桌上操作 • 复述菜单，尊重习惯。点菜完毕，应重复宾客所点菜品名称，并询问宾客有无忌口及烹饪的特殊需要 • 礼貌致谢："非常感谢，请稍等。" • 特殊情况处理。点菜时如遇宾客正在交谈，应做到不旁听、不斜视、不打断，站立一旁等候宾客问话时再开始点菜。如有急事与宾客沟通，应当先表示抱歉，然后再与宾客对话

信息页二 菜肴服务礼仪

菜肴服务是餐饮服务的重要环节，是餐厅服务员为宾客提供服务时间最长、最能体现服务礼仪之处，要求服务主动、细致，遵守礼仪规范；服务员在满足宾客物质需求的同时，还要通过摆菜给宾客以视觉上的服务享受，进行细致周到的礼仪服务，具体要求如下。

(1) 了解菜单，按序上菜。

(2) 端送平稳，服务礼貌。上菜时提前告知宾客："打扰，给您上菜！"动作轻盈地用双手将菜肴端上，上好菜后，要把新上菜转至正主宾面前，报菜名并礼貌地请宾客用餐。

(3) 手法卫生。上菜时，要用双手大拇指紧贴盘边，其余手指支撑底部，切忌把手指探入盘中或接触到食物，这样既不卫生也欠缺礼貌。

(4) 摆放美观，方便食用。摆放菜肴应当实用美观，荤素、凉热对称摆放，讲究色彩搭配，并能尊重宾客的选择和饮食习惯。所有菜肴上齐后，应当告知宾客菜已上齐，请慢用。

信息页三　酒水服务礼仪

宾客在点菜时如果点了酒水，需要另外开立点菜单。餐厅服务员不仅要了解酒水的基本知识，还要能熟练地进行斟酒操作和服务，规范地为宾客提供优质的酒水礼仪服务；酒水礼仪服务员应具有较强的服务技能，全面展示其礼仪修养，给宾客留下美好的印象，满足宾客被尊重的心理，具体礼仪要求如下。

- 示酒规范。当着宾客的面打开酒瓶，征得宾客同意后，按照礼仪次序，依次斟酒
- 动作正确、干净、利落。斟酒过程中将酒液洒到桌上或宾客身上是极不礼貌的
- 关注宾客，举止文雅。随时观察酒水饮用情况，一般当宾客杯中的酒水少于1/3时，就应征询宾客意见，及时续添酒水。斟酒不要紧贴宾客，但也不要离宾客太远
- 注意细节。当宾客离桌敬酒时，服务员应用托盘跟随服务，随时斟倒与宾客杯中同类的酒
- 服务到位。斟倒某种酒水时，应礼貌示意宾客是否选用该酒；如不选用，应立即调换。斟倒饮料时，应将各种饮料放置于托盘上，征求意见后为宾客斟倒

信息页四　席间服务礼仪

席间服务几乎贯穿宾客用餐的全过程，对餐厅服务员的服务技能和礼节要求特别多，

要注意细节，并能与宾客进行良好的沟通。在宾客就餐过程中，服务员可通过细心观察、仔细思考，判断宾客的真正需求，发挥自己的主观能动性，积极灵活地为宾客提供各项细致周到的席间服务，以提升服务质量和服务水平，其具体礼仪要求如下。

(1) 服务主动，保持餐桌卫生、整洁。服务员要主动为宾客添加饮料酒水，并积极回答和处理宾客提出的有关服务和菜肴的问题；若出现宾客弄湿或弄脏桌布或不慎掉落餐具等意外情况，要迅速处理。

(2) 遵循不打扰宾客的原则。在不影响宾客就餐的情况下进行席间服务，手法规范、操作卫生、仪态大方；撤换餐盘、骨碟时要礼貌征得宾客同意；尊重宾客摆放餐具的习惯，将更换后的骨碟放回原位，宾客没有用完餐的骨碟不要撤换。

(3) 把握添加饮料、酒、菜和饭的时机，避免出现宾客等候、不断添加或打断宾客正在进行的致辞等状况，以引起宾客反感。

知识链接　　　　　　　**席间服务"三忌"**

(1) 忌盯瞅

来消费的宾客，因风俗习惯、审美观点、价值取向、性格气质、文化修养等诸多不同，所以"穿衣戴帽，各有所好"，有的穿着时髦，有的打扮得花枝招展，有的表现怪异。对此，服务员盯瞅窃笑、交头接耳、评头论足，都是对宾客的不尊重，会引起宾客的不安，甚至引发误解、产生矛盾和摩擦，直接影响接待和服务工作。

(2) 忌旁听

用餐中无论宾客在交谈什么，哪怕是熟客在谈一些新闻趣事，服务员都不能旁听，这是起码的职业道德。席间要为宾客提供某项服务时，要对宾客讲"对不起，为您上菜"，服务完说声"对不起，打扰了"就离开，绝不可借机旁听。

(3) 忌厌烦

有的宾客要一壶茶可以坐一个上午或一个晚上，有的宾客一会要这、一会要那，有的宾客习惯使用"喂、喂"等口语，无论遇到哪种厌烦的事，都不能表现出丝毫的厌烦情绪，要学会运用语言技巧和服务技巧来处理。

信息页五　**结账服务礼仪**

服务员在上菜完毕后就可以作结账准备了。到了结账服务环节，为宾客提供餐厅服务便已接近尾声。服务员要自始至终地为宾客提供优质服务，灵活地处理突发事件，维护餐厅的荣誉和利益。宾客通常的结账方式有手机、现金、信用卡、支票和签单结账等5种。结账时要注意清点好全部的酒水、后添加点餐等费用，防止出现错漏账。

- 结账准备。宾客用餐结束时，服务员应适时询问宾客是否需要其他服务。如果宾客示意结账，应尽快将结算并打印好的账单呈送给宾客

- 呈送账单，注意细节。账单要递给准备结账的宾客，请宾客检查，同时用手势将消费金额示意给宾客看。当一男一女进餐时，将账单递给男士

- 征询宾客。结账时，服务员应先征询宾客结账方式，与宾客保持一定距离，宾客准备好后再进行结账，打印发票

- 礼貌致谢。结账完毕，服务员应向宾客致谢；宾客结账后未离开，服务员应当继续提供服务，不能因为已结账而终止服务

任务单一　恭请宾客点菜

Ronnie正在服务区域内忙碌着，此时先后来了两桌宾客。Ronnie分别问候、安排座位、上好茶后，给其中的一桌宾客拿了菜单并等候点餐。这时，另外一桌宾客大声喊道："我们比他们来得早，为什么不给我们菜单，不先给我们点菜？"现场气氛一下子紧张起来。请你来分析Ronnie的做法对不对？如果不对，应该怎样做？

分组讨论

(1) Ronnie的做法对不对：不对_____　对_____　(请把😐或🙁填入横线)

(2) 如果你是Ronnie，应该怎样做？

_____

_____

(3) 关注礼仪服务细节，讨论并完成评价。

小组评价	讨论是否认真、热烈 (2分)	要点是否齐全 (5分)	注意到细节 (3分)	得分

任务单二　为宾客点餐

(1) Ronnie正在接待一对年轻的情侣，由于是初次到本市旅游，对酒店餐厅的菜式不是很了解，就请Ronnie帮助点菜。如果你是Ronnie，该怎样针对其特点来点菜？

(2) Ronnie正在接待一个5口之家的聚会。你知道Ronnie在推介菜肴时应该注意哪些吗？推介酒水饮料时要先从哪位开始，怎样顺利地为一家人全部推荐成功呢？

分组讨论

如果你是Ronnie，应该怎么做？

讨论结果：

_____

关注礼仪服务细节，讨论并完成评价。

小组评价	讨论是否认真、热烈 （2分）	要点是否齐全 （5分）	注意到细节 （3分）	得分

任务单三　开餐与就餐服务礼仪训练

训练项目一：开餐礼仪服务训练

训练项目二：菜肴礼仪服务训练

训练项目三：斟酒礼仪服务训练

训练目的：请学生分组扮演宾客和值台服务员。

礼仪要求：站位合理；服务适度；手法规范；操作卫生；时机得当。

训练程序：

(1) 分小组讨论，设计情境；

(2) 写出模拟对话过程；

(3) 两组学生互换角色，轮流表演；

(4) 学生点评，教师指导。

任务单四　你知道吗

情境一：当宾客觉得上菜速度太慢，向Ronnie发牢骚时，他该如何处理？

情境二：Ronnie正在为宾客上最后一道菜，可台面上已经摆满了，此时，正好有一道菜吃光了，就剩下盘子摆在那里，Ronnie就将最后一道菜放在了空的盘子上，并礼貌地对宾客说："您的菜上齐了，请慢用！"结果主人当时就不高兴地瞪了Ronnie一眼。Ronnie不知道自己哪里没有做好，请问你知道吗？

分组讨论

情境一讨论结果：

_____

情境二讨论结果：

_____

关注礼仪服务细节，讨论并完成评价。

小组评价	讨论是否认真、热烈 (2分)	要点是否齐全 (5分)	注意到细节 (3分)	得分

任务单五　请你来处理

值台服务员Ronnie发现在4号桌用餐的6位宾客，将吃过的骨头、鱼刺等都吐在了桌布上，骨碟装满了准备吃的菜。Ronnie很为难，把骨刺等吐在桌布上，既不便于清洁，堆积多了也影响宾客进餐，更影响餐厅的档次和形象。她突然想到，也许宾客是不知道骨碟的真正用途吧！为了不让宾客难堪，Ronnie只好装作没有看见。Ronnie的做法对吗？如果是你会怎样做？此时该注意哪些技巧？

分组讨论

(1) Ronnie的做法是否正确：对_____　否_____　(请把😊或☹填入横线)

(2) 如果你是Ronnie，打算如何解决问题呢？

_____

_____

(3) 关注礼仪服务细节，讨论并完成评价。

小组评价	讨论是否认真、热烈 (2分)	要点是否齐全 (5分)	注意到细节 (3分)	得分

任务单六　请你来处理

24号台的宾客用完餐后，就直接走出了餐厅。正在服务的Ronnie意识到宾客还没有结账，赶紧追出去，拦住宾客。你觉得Ronnie的做法对吗？如果是你，在这种情况下，该如何运用语言的技巧解决这一问题呢？(提示：不能使宾客难堪，也不能让宾客反感。)

分组讨论

(1) Ronnie的做法是否正确：对＿＿＿＿＿　否＿＿＿＿＿　(请把😊或😞填入横线)

(2) 如果你是Ronnie，打算如何解决问题呢？

＿＿＿＿＿＿＿＿＿＿＿＿＿＿＿＿＿＿＿＿＿＿＿＿＿＿＿＿＿＿＿＿＿＿＿

＿＿＿＿＿＿＿＿＿＿＿＿＿＿＿＿＿＿＿＿＿＿＿＿＿＿＿＿＿＿＿＿＿＿＿

(3) 关注礼仪服务细节，讨论并完成评价。

小组评价	讨论是否认真、热烈 (2分)	要点是否齐全 (5分)	注意到细节 (3分)	得分

任务单七　刷卡风波

　　12号台的十几位宾客今天吃得特别尽兴，用餐期间，值台服务员Ronnie为他们反复加了好几次的菜和酒水。这时，12号台的主人张先生抬手示意结账，Ronnie赶紧为其办好结账手续，把核对无误的账单拿给他过目。张先生拿出银行卡来结账，Ronnie礼貌地接过银行卡拿到服务台办理结账，但收银员说卡内余额不足。

　　如果你是Ronnie，该如何处理？

　　温馨提示：如果直接对张先生说余额不足，肯定会让宾客觉得没有面子。怎样既不失宾客面子又能让张先生拿现金买单呢？

分组讨论

(1) Ronnie应该如何服务：＿＿＿＿＿＿＿＿＿＿＿＿＿＿＿＿＿＿＿＿＿＿＿＿

＿＿＿＿＿＿＿＿＿＿＿＿＿＿＿＿＿＿＿＿＿＿＿＿＿＿＿＿＿＿＿＿＿＿＿

(2) 服务细节：＿＿＿＿＿＿＿＿＿＿＿＿＿＿＿＿＿＿＿＿＿＿＿＿＿＿＿＿＿

(3) 关注礼仪服务细节，讨论并完成评价。

小组评价	讨论是否认真、热烈 (2分)	要点是否齐全 (5分)	注意到细节 (3分)	得分

任务单八　结账服务礼仪训练

　　训练项目：结账服务礼仪训练

　　训练目的：请学生分别扮演用餐宾客和值台服务员，通过结账场景的模拟训练，掌握结账服务礼仪要点，语言运用准确、得体。

礼仪要求：账单正确，呈递到位；时机适宜，当面点验。

训练程序：

(1) 分小组讨论，设计情境；

(2) 写出模拟对话过程；

(3) 两组学生互换角色，轮流表演；

(4) 学生点评，教师指导。

任务单九　展示你最美的礼仪

情境一：你是餐厅的一名值台服务员，领位员已经将宾客引到了你的服务区域。这是一群过生日的中学生，你应如何在点菜过程中展示服务礼仪呢？请同学们模拟演示，在组织和演示过程中，要注意针对中学生的特点来展示点菜服务技巧和服务礼仪。

(1) 模拟点菜过程：分小组模拟，最后由老师带领的点评小组进行评价。

(2) 关注礼仪服务细节，模拟演练并完成评价。

评价项目	服务演示 (3分)	内容设计 (3分)	表情流露 (2分)	规范体态 (2分)	总分 (10分)	
评价标准	服务规范，有技巧，解决问题得当	内容设计合理，有创新	表情(微笑)和语言适度结合	仪态大方，适度	自评	互评
第　组						
第　组						
点评小组记录	优点： 问题：					

情境二：你正上菜的时候，一名学生不知什么原因特别激动地站起来一抬手，把你要上的菜给打翻了，对此你该如何处理？

(1) 应该如何服务：_____

_____

(2) 服务细节：_____

情境三：这些学生一开始还是喝可乐和雪碧，这时候又招手叫你，要上一箱啤酒，你该不该上呢？

你该不该上啤酒：上啤酒_____　　不上啤酒_____　(请把☺或☹填入横线)

请写出你的理由，并把可能出现的其他情况的解决办法找出来：

_____

_____

情境四：这些学生终于吃完饭了，准备结账。你在收款过程中，发现有一张假币，该如何和这些小宾客说呢？请模拟现场情境。

(1) 模拟结账收款和宾客就假币沟通的过程：分小组模拟，最后由老师带领的点评小组进行评价。

(2) 关注礼仪服务细节，模拟演练并完成评价。

评价项目	服务演示(3分)	沟通过程设计(3分)	表情流露(2分)	规范体态(2分)	总分(10分)	
评价标准	符合结账礼仪要求，演示到位不夸张	运用与宾客沟通礼仪，语言得当	表情(微笑)和语言适度结合	仪态大方，适度	自评	互评
第 组						
第 组						
点评小组记录	优点： 问题：					

活动四 中餐宴会服务礼仪

为宾客提供宴会服务，是酒店餐饮服务中一项要求比较高的服务。由于宴会通常具有就餐人数多、消费标准高、菜点品种多、气氛热烈、就餐时间长等特点，需要宴会服务员非常讲究礼仪服务形式，为宾客提供周到、热情的宴会礼仪服务。

中餐宴会服务主要涉及宴会预订、宴前准备、宴会前室接待、宴会席间服务和宴会结束等几方面工作，要求宴会服务员在各个环节都应提供规范、到位的礼仪服务。在本活动中，我们主要学习宴会前室接待服务礼仪和宴会席间服务礼仪。

信息页一 宴会前室接待服务礼仪

宴会还没有开始，准备参加宴会的宾客已经陆续到来，迎宾员要不停地招呼、迎接宾客，安排进入接待室，等待宴会的正式开始。这个环节将充分展示宴会的规格和档次，体现酒店宴会服务中良好的礼仪服务和形象，迎宾员一定要做好迎宾礼仪服务。

宴会迎宾礼仪和零点餐厅迎宾礼仪基本相同，下面我们就来着重说说其不同之处。

- 着装整齐，微笑服务，主动迎候。当宾客距离宴会厅门口约2m时，迎宾员要主动上前迎接，微笑欠身行礼问好："您好，欢迎光临。"
- 礼貌询问宾客："请问您是来参加××宴会吗？"
- 规范引领。迎宾员要规范地引领宾客进入接待室
- 接挂衣帽并请宾客入座。为宾客提供衣帽服务，主动、规范，避免出错；拉椅让座
- 提供香巾和茶水服务
- 及时记录。将来宾的姓名和抵达时间等记录在本子上

知识链接　　　　宴会临时增加或减少宾客时的处理

宴会预订了桌数和人数，但往往会出现宾客多来或少来的情况。此时，服务员要灵活处理，不能等着主办方来安排，而让宾客在一旁站着，这是很失礼的。

(1) 宴会临时加人，服务员要立即上前请求帮助并请先到的宾客向两侧移动座椅，再将补充的餐椅摆在空位上，请刚到的宾客入座，迅速上齐餐具后欠身示意："您请！"

(2) 宾客有带小孩就餐时，要马上搬来童椅，安排在家长身旁，并抱小孩入座；动作要轻柔、亲切。

(3) 如有必要，领班要主动上前向主办方负责人小声询问是否需要调整菜单，协助完成加菜的工作。

(4) 当出现临时宾客少来的情况时，服务员应主动、快速地撤掉多余的餐椅和餐具，以方便宾客用餐。

信息页二　宴会席间服务礼仪

宴会的席间服务几乎贯穿宴会的全过程，席间服务的质量直接关系到宴会服务的整体水平和酒店的声誉。席间服务特别繁杂，宴会服务员在提供服务时要注意操作细节，主动、周到，提供全方位的宴会礼仪服务。

宴会上菜服务礼仪：

(1) 多桌宴会，每一道菜品出菜时，服务员需动作统一，强调整体性。

(2) 上菜顺序。中餐宴会要严格按照上菜顺序进行，西餐宴会上菜次序不可颠倒，同时要注意各地风俗礼仪的差异。

(3) 多桌宴会选择上菜位置要一致。

(4) 注意细节服务。

宴会分菜服务礼仪：

(1) 多桌宴会分菜时，速度要一致，其他桌的分菜速度不能超过主桌。

(2) 分菜时要站在宾客的左侧，按分菜服务要求进行分菜，注意不要离宾客太近，操作要自如。

(3) 手法卫生，动作干脆利落，有美感。

其他席间服务礼仪

- 右侧斟酒。宴会酒水服务时，先要抬手示意，征得宾客的同意后再斟倒宾客选择的酒水

- 服务顺序要正确。按照国际惯例顺序进行服务；宴会规格高，需要两个服务员同时为一桌宾客服务，不应在宾客的左右同时服务，以免令宾客左右为难

- 宾客致辞、祝酒时要保持安静；宾客离席敬酒时，服务员要托着酒水跟随宾客身后随时为其续斟

- 服务主动，随时撤换餐具。根据时机来撤换餐具；上、撤餐具时动作要轻巧，更换餐具时要征得宾客同意

- 席间随时留意宾客，帮助宾客解决疑难问题，让宾客满意

- 宴会服务应注意节奏，不能过快或过慢

- 服务员之间要有团队意识，配合默契

知识链接

中餐宴会餐台布局与摆设

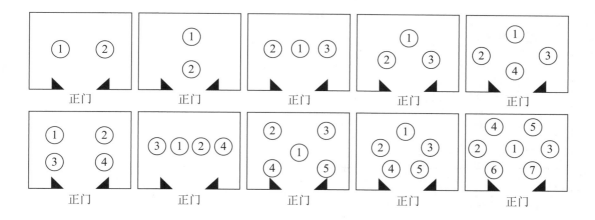

任务单一　礼仪训练

训练项目：宴会迎宾礼仪服务

训练目的：通过训练使学生掌握宴会迎宾服务的礼仪要求，为宾客提供满意的服务。

礼仪要求：请5名学生扮演宴会服务员，其余学生扮演参加宴会的宾客(宾客为某宴请单位的领导及嘉宾)。

训练程序：

(1) 服务员面带微笑、主动迎宾；

(2) 宾客陆续到来，服务员主动上前迎接、确认是否为宴会嘉宾、引领；

(3) 走在宾客左前方1m左右处，引领手势正确；

(4) 引领到接待室，为宾客接挂衣帽；

(5) 为宾客提供香巾、茶水服务；

(6) 记录宾客信息。

任务单二　展示你最美的礼仪

宴会服务员Daisy正在为其中的一桌撤换餐具，就听"哎哟"一声。原来是对面的一位漂亮女士将茶杯打翻了，茶水都倒在她的衣服上，湿了一大片。Daisy赶紧上前为她拿了两块干的口布，协助她吸干衣服上的水渍。在接下来的服务中，Daisy注意到这位女士不时停下来，皱着眉头拉扯自己的衣服。

如果你是Daisy，注意到了这位女士的难处，看看还有什么方法可以帮助她摆脱目前的窘境吗？

分组讨论

如何服务：_____

_____

服务细节：_____

_____

讨论并完成评价。

小组评价	讨论是否认真、热烈 (2分)	要点是否齐全 (5分)	注意到细节 (3分)	得分

任务单三 礼仪训练

训练项目：宴会席间礼仪服务

训练目的：通过训练使学生掌握宴会席间服务的礼仪要求，为宾客提供满意的服务。

礼仪要求：将学生分成两组，每组请5名学生扮演宴会服务员，其余学生扮演参加宴会的宾客。

训练程序：

(1) 分小组讨论，设计情境；

(2) 写出模拟对话过程；

(3) 两组学生互换角色，轮流表演；

(4) 学生点评，教师指导。

任务评价

中餐服务礼仪

评价项目	具体要求	评价			建议
		😊	😐	☹️	
中餐服务礼仪	1. 掌握餐厅预订服务礼仪				
	2. 掌握中餐服务中的迎宾和送客服务礼仪				
	3. 掌握中餐服务中值台服务员在宾客就餐期间提供的开餐和就餐服务礼仪				
	4. 熟知宴会迎宾服务礼仪				
	5. 掌握宴会就餐服务礼仪				
	6. 能够运用中餐服务礼仪进行礼仪服务				
学生自我评价	1. 准时并有所准备地参加团队工作				
	2. 乐于助人并主动帮助其他成员				
	3. 能够倾听他人意见并与之交流				
	4. 全力以赴参与工作并发挥积极作用				
小组活动评价	1. 团队合作良好，都能礼貌待人				
	2. 团队成员在工作中彼此信任，互相帮助				
	3. 所有成员对团队工作都有所贡献				
	4. 对团队的工作成果满意				
总计		个	个	个	总评

在中餐服务礼仪的学习中，我的收获是：

西餐服务礼仪

西餐讲究情调，强调精美的菜单设计、迷人的氛围营造、动听舒缓的音乐陪伴、优雅高贵的进餐礼节、美味靓丽的菜品制作。这些构成了吃西餐特有的意境，能带给宾客美的享受。

工作情境

来××西餐厅用餐的宾客很多，因为这里有全城最好的西餐厨师、最佳的乐手和优雅贴心的侍者。迎宾员Daisy站在餐厅门口，礼貌而亲切地问候着前来用餐的大使夫妇等4人，将其引领到预订的桌位，值台服务员Lily忙迎上来，拉椅让座，送上冰水和面包，开始了一系列服务。

具体工作任务

- 熟知西餐点菜服务礼仪，为宾客提供正确的点菜服务；
- 掌握西餐酒水服务礼仪，为宾客提供优质服务；
- 掌握西餐就餐服务礼仪，为宾客提供规范服务；
- 熟悉西餐冷餐会服务礼仪，为宾客提供高水准服务；
- 熟悉鸡尾酒会服务礼仪，为宾客提供便捷、高效服务；
- 完成西餐礼仪服务技能训练；
- 能够运用西餐服务礼仪进行西餐零点与自助餐礼仪服务。

活动一 西餐点菜服务礼仪

西餐服务员负责值台区域内的一切就餐活动，在提供西餐服务时，不仅要严格按照国际上通用的西餐服务礼仪进行，还要考虑到宾客所在国家的礼仪和饮食习惯，不要触犯禁忌，以保证服务质量。西餐服务礼仪在迎候宾客服务礼仪、打开餐巾服务礼仪、结账服务礼仪和送客服务礼仪等方面和中餐服务礼仪大同小异。"先宾后主、女士优先"是西餐礼仪服务的基本原则，这里主要介绍具有西餐特色的礼仪服务，是如何以热情、礼貌、主动和周到的接待服务，来创造良好的声誉和经济效益的。

信息页 呈递菜单和点菜服务礼仪

　　西餐服务员应协助宾客入座，及时打开餐巾，送上冰水和面包后，就可以适时递上酒单和菜单，准备为宾客点菜了。西餐点菜服务中，由于实行分餐制，人手一份菜单，每位宾客所点菜肴也大都不一样，这就需要服务员熟悉菜单，了解宾客需求，熟练运用推销技巧，主动、热情地为宾客提供优质服务，具体礼仪要求如下。

- 着装整齐，微笑服务，态度殷勤
- 递送酒单、菜单。按"先宾后主、女士优先"的原则依次将菜单送至每位宾客手中，同时礼貌地请宾客阅览菜单
- 推销适度。如果应宾客要求提供点菜建议，服务员应当根据菜单组合、酒水搭配、菜品的烹调方法和调味品的搭配种类等，向宾客建议菜式搭配；推介菜品时，应当尊重宾客的饮食习惯
- 建议询问。为宾客提供信息和建议，询问特殊要求，征求宾客对牛扒类菜品生、熟程度的要求；订沙拉时，应询问宾客沙拉需跟配的沙拉汁
- 复述确认宾客所点菜品、酒水名称
- 收回菜单，并祝宾客用餐愉快
- 与宾客交流时，态度恭敬，身体略前倾，音量适中，以不打扰其他宾客为标准

任务单一　情境模拟

　　××国家大使夫妇宴请嘉宾(主客共4人)，请安排座次并进行点菜的场景设计。要求能够体现西餐点菜服务的礼仪特点，并且能做好菜肴和酒水的搭配推销。

　　(1) 安排座次：请在图上标注座次。

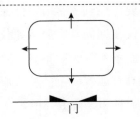

门

(2) 点菜礼仪服务场景设计。

(3) 关注礼仪服务细节，模拟演练并完成评价。

评价项目	场景设置 （4分）	座位安排 （2分）	表情流露 （2分）	规范体态 （2分）	总分 （10分）	
评价标准	设计合情合理，搭配得当，语言规范，有推销	座位安排正确，体现西餐礼仪	表情（微笑）和语言适度结合	仪态大方，适度	自评	互评
第　组						
第　组						
点评小组记录	优点： 问题：					

任务单二　如何帮助宾客点菜

刚入座的宾客在点菜时，明显表现出是第一次吃西餐，你该帮助他们点菜吗？如何进行？

分组讨论

如何服务：_____

_____

服务细节：_____

_____

讨论并完成评价。

小组评价	讨论是否认真、热烈 （2分）	要点是否齐全 （5分）	注意到细节 （3分）	得分

活动二 ▶ 西餐酒水服务礼仪

在接受完宾客点菜后，服务员需要向宾客推荐相应的酒水。西餐非常注重食物和酒水的搭配，特别是与葡萄酒的搭配。作为西餐服务员，要具备根据宾客所点菜肴推荐相应酒水的能力，为宾客提供满意的服务。

信息页 西餐酒水服务礼仪

西餐服务对酒水要求很高，吃什么菜肴、配什么餐具、喝什么酒水都非常讲究。服务员在为宾客提供服务时，不仅要了解有关酒水的知识，还要熟练掌握斟酒的操作技能和酒水服务礼仪规范，处处体现"以客为尊"的原则，从而为宾客提供优质服务。西餐酒水服务和中餐酒水服务还是有一定区别的。服务员在对不同的酒水进行服务时，要用规范的服务、较强的服务技能为宾客留下良好的印象；以细节服务打动宾客，满足宾客受尊重的心理。这里，我们重点学习西餐特色的葡萄酒服务礼仪。

基本礼仪要求

- 推介适度。根据宾客点菜情况，推介适宜酒水，推介时要尊重宾客的个性和习惯

- 服务规范。无论为宾客提供哪种酒水服务，示酒、开酒、品酒、斟酒都要符合酒水服务规范

- 女士优先。征得宾客同意后，按照女士优先的原则，从宾客右侧依次进行酒水服务。如果主客是中国宾客，也可遵照中国传统进行

- 操作标准。注意葡萄酒的最佳供酒温度；先斟酒后上菜；开启香槟酒时瓶口不要朝向宾客，避免误伤；冰桶、酒篮等放置桌上时，不能影响宾客进餐

- 关注宾客。随时观察宾客，掌握续酒时机；当确认宾客不再加酒时，应立即将喝完酒的空杯撤下

（续表）

红葡萄酒服务礼仪

- 酒水准备。将红葡萄酒放置在垫了餐巾的酒篮内，酒标朝上，轻取轻放
- 示酒、闻塞、试酒。同西餐斟酒服务
- 按斟酒要求进行红葡萄酒斟酒服务，酒斟入杯中二分之一为宜，随时为宾客续斟

白葡萄酒服务礼仪

- 酒水准备。白葡萄酒应置于冰桶中，上盖一块餐巾，做好冰镇
- 示酒应用折叠成条状的餐巾包裹瓶身，左手托底，酒标朝上
- 白葡萄酒斟酒时同样用折叠成条状的餐巾包裹瓶身服务，酒斟入杯中三分之二为宜，随时为宾客续斟
- 餐巾不能包裹住商标

香槟酒服务礼仪

- 酒水准备与示酒同白葡萄酒
- 开瓶时注意规范操作，瓶口不能朝向宾客
- 斟酒时先斟入杯中三分之一处，待泡沫平息后再斟至三分之二处
- 服务细节

?? 任务单一　酒水斟倒量

下面几种酒水，你知道该斟倒多少量吗？

酒水名称	斟倒量	酒水名称	斟倒量
Remy Martin(人头马)		Gamay(甘美红葡萄酒)	
Chivas Regal(芝华士)		Bordeaux(布多斯白葡萄酒)	
Heineken(喜力啤酒)		张裕香槟酒	

?? 任务单二　西餐酒水服务礼仪

(1) 为××国家大使夫妇及嘉宾夫妇进行酒水服务，请你确认斟酒顺序。

(2) 大使夫人在用餐的时候，不小心把红酒洒在了漂亮的西服裙上。

如何服务：_____

_____

服务细节：_____

_____

任务单三　情境模拟与评价

中国的西式家宴(共10人：4位老人，2对夫妇，2个小孩)。请你来安排一个场景进行斟酒礼仪服务，要体现细节并完成评价。

(1) 斟酒礼仪服务场景设计。

(2) 关注礼仪服务细节，模拟演练并完成评价。

评价 项目	场景设置 (4分)	斟酒顺序 (2分)	细节服务 (2分)	表情和体态 (2分)	总分 (10分)	
评价 标准	设计合情合理，搭配得当，语言规范，有推介	顺序正确，体现西餐酒水服务礼仪	注意细节；针对不同酒水区别服务	微笑服务，态度殷勤，仪态大方，适度	自评	互评
第　组						
第　组						
点评小组记录	优点： 问题：					

活动三　西餐席间服务礼仪

就餐服务是点菜服务的继续，这个过程几乎贯穿了西餐服务的全过程。西餐服务员在进行礼仪服务时要特别注意细节，并与宾客进行良好的沟通，要照顾好每一位宾客，严格按照国际上通用的服务礼仪进行，体现服务员过硬的基本功和良好的素质，通过标准、到位的礼仪服务，给宾客留下美好印象。

信息页一　菜品服务礼仪

上了餐前酒或餐前饮料后，西餐服务员就应按照西餐上菜顺序上菜了。上菜时，服务员要一律用托盘，端托的姿势要端正。在菜品服务过程中，服务员要操作优雅有序、技能熟练正确；随时巡台，及时提供优质服务。

- 按铺口布礼仪服务餐巾
- 根据订单重新摆换餐具
- 根据餐桌、餐位的实际情况，合理确定上菜位置
- 按服务规范进行汤、主菜和派菜等服务，要求餐具配备准确、手法规范、动作利落、姿势优美
- 左侧左手服务沙拉。有的色拉需要加胡椒，此时应当主动询问宾客是否加胡椒，并按礼仪要求规范送胡椒瓶
- 随时巡台，每上一道菜前，都应当清理用过的各种餐具。清理时，轻拿轻放，避免发出较大响声，影响就餐氛围
- 在撤走展示盘(底盘)时，应用正确的手势告知宾客，以免产生误解

信息页二　甜点服务礼仪

宾客用完主菜后，进行甜点服务。如果点菜的时候宾客没有点甜点，服务员可以适时推销，再次将甜点菜单呈递给宾客。现在越来越多的酒店餐厅将摆有各种甜点盘的服务车，推到宾客面前，请宾客自选。下面我们就来学习下，甜点服务礼仪的注意事项吧！

- 适时推销
- 按摆台礼仪将吃甜点所需餐具摆上餐台
- 尊重宾客。服务甜点时，用右手在宾客右侧按顺时针方向服务，"女士优先，先宾后主"
- 同桌宾客的甜点必须同时服务
- 注意保持甜点的温度

信息页三　撤盘服务礼仪

在宾客用西餐的过程中，每吃一道菜都需要换一副刀叉，这就需要服务员随时注意并掌握好撤盘的时机；撤盘顺序要正确；同时，为了不影响宾客的就餐情绪，要轻拿轻放，干净利落。

(1) 所有宾客用完同一道菜后一同撤下空盘。

(2) 根据宾客盘中刀叉的摆放进行撤盘服务，要体现尊重宾客之意。

(3) 撤换小件物品(如面包盘、黄油碟、胡椒瓶)时，应使用托盘。

(4) 撤盘时，左手托盘，右手收盘。刀叉、盘子等在托盘中要规划摆放，重心偏里，保持托盘平衡，体现服务美感。

知识链接　　　　**西餐的座次安排**

(1) 西餐的座席排列，同一桌上席位的高低，以距离主人座位的远近而定，右高左低。

(2) 西餐习惯男女穿插安排，"女士为先，交叉排列"。以女主人的位置为准，主宾坐在女主人的右边，主宾夫人坐在男主人右边。

(3) 特殊情况下，可灵活处理。如主宾身份高于主人，为表示对主宾的尊重，可以把主宾安排在主人的位置上，而主人坐在主宾的位置，第二主人坐在主宾左侧。

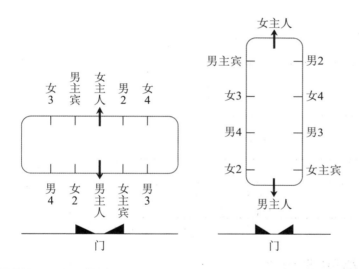

任务单一　礼仪训练

训练项目：为宾客调整餐具礼仪训练

训练目的：请学生分组练习，扮演宾客和值台服务员，通过训练能够熟练地为宾客调整餐具。

礼仪要求：操作规范有序，不会手忙脚乱，轻拿轻放。

训练程序：

(1) 确定宾客菜单顺序；

(2) 调整餐具；

(3) 补充餐具；

(4) 操作时不可将身体贴在桌边或宾客身上。

任务单二　西餐席间服务

请针对宾客就餐情况，分析并采取适当的接待或服务礼仪。

分组讨论

(1) 宾客正在用牛排，用刀子切了切又放下了，随即抬头向周围看了下，露出不快的表情。

如何服务：_____

_____

(2) 宾客在用三明治时说太凉了，表情很不高兴。

如何服务：_____

_____

(3) 酒店的一名常客用餐后，对你说："今天的菜很好，就是餐厅温度太高了。"

如何服务：_____

_____

关注礼仪服务细节，讨论并完成评价。

小组评价	讨论是否认真、热烈 （2分）	要点是否齐全 （5分）	注意到细节 （3分）	得分

活动四 ▶ 自助餐服务礼仪

自助餐一般有冷餐会、鸡尾酒会、自助餐宴会几种形式。自助餐服务环境主题突出，餐具、各种菜肴以立体、漂亮的方式陈列在餐台上，吸引宾客的注意；一名服务员要接待多位宾客，应服务及时、周到。

信息页一　冷餐会服务礼仪

冷餐会是自助餐的一种，菜品以冷食为主，开餐前陈列在菜点陈列台上，请宾客在用餐时随意自取。冷餐会礼仪服务要注意时刻保持餐会环境井然有序，自助餐台整洁卫生，服务员耐心细致，如需席间巡回要敬让宾客、快捷规范。

迎送宾客服务礼仪

- 主动迎宾，礼貌问候，恭请宾客签到或出示入场券
- 按要求进行接挂衣帽服务
- 以手示意，微笑恭请宾客进入宴会厅
- 宴会结束后，服务员列队礼送宾客

宴会装饰礼仪

- 宴会厅环境及餐台设计要主题突出，色彩协调；菜点陈列台布局实用美观，主桌突出
- 餐具与主题搭配，干净卫生无破损，摆放有序，方便宾客自取
- 菜肴摆放要有层次感，立体展示，突出主菜；方便宾客取用，增添菜肴服务时尽量不打扰宾客

宴会席间服务礼仪

- 添加食品、饮料、餐具时动作轻盈，避免发出声响
- 吧台调酒员应动作迅速，将调好的酒分类摆放整齐，方便宾客取用
- 酒水服务员托送酒水，巡回在宴会厅各处，请宾客取用
- 餐台服务员要工作主动，随时关注菜肴及宾客情况，宾客来菜点陈列台取用食品时，应主动提供餐盘并协助宾客取菜
- 坐式酒会应保持宾客餐桌整洁，礼貌示意，征询宾客同意后及时撤走宾客用过的餐具

信息页二　鸡尾酒会服务礼仪

鸡尾酒会是目前比较流行的一种招待宾客的社交聚会形式，一般以酒水供应为主，并提供一些简单的菜肴和甜点，宾客站立饮食，来去自由，方便交流、沟通。鸡尾酒会与冷餐会礼仪服务基本相同，下面我们来学习其不同之处。

(1) 酒会开始前半小时左右摆放干果、小吃和服务用品。

(2) 宾客抵达后及时送上热菜热点，随同冷菜错落摆放在菜点陈列台上，方便宾客取用；也可以由餐桌服务员随时托送到宾客面前，请宾客取用。

(3) 酒吧台式鸡尾酒会重点布置空间，酒水要丰富、摆放美观；调酒员要专业、干练、气质优雅、帅气，操作熟练，服务态度谦和恭敬。

(4) 宴会厅四周可适当摆放几把椅子，方便有需要者使用。

(5) 服务员要勤巡台，保证宴会厅干净卫生，及时为宾客服务。

信息页三　自助餐宴会服务礼仪

自助餐宴会是目前国内比较流行的中西餐合并的自助宴会用餐方式，非常适用于商务、公关、外交活动等宴请。一般有设座、不设座和部分设座3种形式，服务礼仪和冷餐会基本相同。这里重点学习设座自助餐服务礼仪。

(1) 菜点陈列台一般设置在宴会厅两侧，铺好台布，围上桌裙，热菜点配有保温炉；整体设计要流畅、美观、立体感强，便于宾客取用食物；及时更换或清洁服务叉、匙和点心夹，随时补充餐具。

(2) 宾客就餐用的餐台位于中央部位，主桌突出，规格符合宴会要求。

(3) 餐台摆放相应餐用具、服务用品、鲜花和黄油雕饰等。

(4) 席间服务。宾客离座取菜时，要及时撤走宾客用过的餐具；为不习惯或不方便自取食物的宾客提供取送菜点、饮料等服务。

(5) 服务员在服务过程中，应反应灵敏、动作敏捷、行走轻快、轻声轻语，显示出高水平的礼仪服务能力。

?❓任务单一　礼仪训练

训练项目：服务员反应礼仪训练

训练目的：请学生分组练习，扮演宾客和值台服务员，通过训练能够随时关注宾客的反应，及时服务。

礼仪要求：眼观六路，举止大方，服务迅速。

训练程序：

(1) 分小组讨论，设计情境；

(2) 写成模拟过程；

(3) 一人扮演服务员，其余组员扮演宾客，模拟演练；

(4) 学生点评，教师指导。

任务单二　情境模拟与训练

今天餐厅有一场高规格的自助餐宴会，Ronnie在桌边服务的时候发现，有一位宾客坐在轮椅上，并没有去取餐，他赶紧走上前去。

分组讨论

如果你是Ronnie，应该怎样做？请你来设计两种情境。

训练程序：

(1) 分小组讨论，设计情境；

(2) 写成模拟过程；

(3) 一人扮演Ronnie，一人扮演坐轮椅宾客，其余组员扮演取餐宾客，模拟演练；

(4) 学生点评，教师指导。

评价项目	情境安排 (3分)	演示内容 (3分)	表情流露 (2分)	规范体态 (2分)	总分 (10分)	
评价标准	情境模拟符合自助餐宴会实际，鲜明有特色	注重服务礼仪细节；熟练、自如	表情(微笑)和语言适度结合	仪态大方，适度	自评	互评
第　组						
第　组						
点评小组记录	优点： 问题：					

任务评价

西餐服务礼仪

评价项目	具体要求	评价			
		☺	😐	☹	建议
西餐服务礼仪	1. 熟知西餐点菜服务礼仪				
	2. 掌握西餐酒水服务礼仪				
	3. 掌握西餐席间服务礼仪				
	4. 熟悉冷餐会和鸡尾酒会服务礼仪				
	5. 能够熟练运行西餐服务礼仪进行服务				

(续表)

评价项目	具体要求	评价			
		😊	😐	☹️	建议
学生自我评价	1. 准时并有所准备地参加团队工作				
	2. 乐于助人并主动帮助其他成员				
	3. 能够倾听他人意见并与之交流				
	4. 全力以赴参与工作并发挥了积极作用				
小组活动评价	1. 团队合作良好，都能礼貌待人				
	2. 团队成员在工作中彼此信任，互相帮助				
	3. 所有成员对团队工作都有所贡献				
	4. 对团队的工作成果满意				
总计		个	个	个	总评

在西餐服务礼仪的学习中，我的收获是：

其他服务礼仪

任务三

其他服务礼仪主要指"三吧"服务和客房送餐服务。"三吧"是指酒吧、音乐茶吧和咖啡吧，是酒店住店宾客经常消费的地方。这些地方通常布置讲究、格调高雅，为酒店创造着良好的经济效益。客房送餐服务是为满足住店宾客需要或个人生活习惯送餐入客房的服务。服务员在服务接待时要针对宾客的不同需求，提供个性化的礼仪服务。

工作情境

夏日的午后，在酒吧有节奏的背景音乐声中，宾客们正三三两两地交谈着，啜饮着酒水；服务员在不停地忙碌着；调酒员Bruce正在为吧台前的两位年轻女客人调制一款"新加坡司令"，他动作熟练、潇洒，吸引了周围人的目光，响起赞叹声。

具体工作任务

- 熟知酒吧服务礼仪，为宾客提供满意的服务；
- 了解音乐茶吧服务礼仪；
- 熟知咖啡吧服务礼仪；
- 掌握客房送餐服务礼仪。

活动一▶ 酒吧服务礼仪

"酒吧"一词来自英文"Bar"的谐音，原意是供应酒的长条柜台，发展到现在成为供应和消费各种酒类的主要场所。现在很多年轻人对"泡吧"情有独钟，去酒吧成了流行的休闲娱乐方式。酒店的酒吧，通常会从下午营业到凌晨，这里装饰美观、灯光柔和、音乐曼妙、气氛迷人，为酒店宾客提供酒水、饮料和娱乐。酒吧服务人员包括调酒师和酒吧服务员，他们分别负责为坐在吧台前的宾客现场演示调酒的技能并提供相关服务，和值台区域内的酒水服务。

信息页一　酒水服务礼仪

宾客坐好后，酒吧服务员应从方便宾客的一侧双手呈递酒单，准备好为宾客进行酒水服务。服务过程中，介绍酒水知识要耐心，回答问题要及时，敬献手势要规范，服务顺序要正确，重视宾客的感受，使其觉得受尊敬。酒吧服务员应熟知酒品和相应的礼仪服务方法，善于待客，用一流的服务礼仪，为宾客提供高标准的服务，同时还要机动、灵活，善于处理各种突发状况。

- 根据口味，主动推介。服务员应主动轻声征询宾客，安排饮料品种时，要照顾宾客口味。双手为宾客递送酒水饮料单。如果宾客初次来，可以根据宾客口味向其推荐几款畅销的酒水饮料并征求宾客意见
- 核实点单，当面唱清。点完酒水饮料后，服务员应当面重复宾客所点用的饮料种类、数量及是否需要冰块等，并请宾客稍等
- 饮料端送，注意细节。端送饮料、食品时不要挡住宾客的视线，妨碍宾客交流。为宾客端送酒水饮料时要使用托盘，需要特别注意的是，要从宾客的右侧上酒，手指接触杯子下半部，不要碰杯口或瓶口。上完酒和食品后，应立即离开，不要侧耳倾听宾客讲话
- 酒标展示，宾客确认。向宾客示酒时，酒瓶要干净，双手消毒；示酒动作文雅，展示到位

（续表）

- 轻拿轻放，斟酒品尝。酒水开瓶时，不要用力晃动，对有汽的酒水要轻拿轻放，切忌瓶口对向宾客。酒水开启后，先由宾客品尝，然后按序斟酒
- 按斟酒操作标准进行斟酒服务。面带微笑、态度热情、站位合理，斟酒时机适宜，斟量适中，酒温符合要求
- 选择器皿，注意三点，即卫生、适用、干净
- 顺序合理，注意先后，即先宾后主，先女后男，身份高者先服务

信息页二　调酒师服务礼仪

调酒师是酒吧的关键人物，也可以说是酒吧的灵魂。朦胧的灯光下，他们有着自信的笑容、姣好的容颜、前卫有型的装扮，娴熟而又潇洒地调制出一款款姹紫嫣红的鸡尾酒，带给宾客美的享受和视觉冲击。

- 动作娴熟，注意细节。在3分钟内调好酒水，调酒姿势端正、潇洒，坚持站立服务，始终面向宾客，取酒应侧身而不是背对宾客
- 操作卫生。严格按配方要求调制，取用冰块、装饰物等应使用工具规范操作；态度认真，不敷衍
- 斟酒标准。以8分满为宜，同时斟倒多杯酒时要来回依次斟倒，使酒的浓度一致
- 尊重宾客。常来的宾客要记住其喜好，热情地为其提供喜爱的饮品；遇孤身宾客，可适当地同他交谈，应以倾听对方为主，不能喧宾夺主
- 生客熟客一样热情

信息页三　矿泉水服务礼仪

为宾客，尤其是为外国宾客服务矿泉水时，服务员要熟悉矿泉水的种类，提供到位服务，其礼仪要点如下。

(1) 做好客前服务。为宾客服务带汽矿泉水时，要提前准备好柠檬片，根据宾客的需

要进行服务。

(2) 当面检验后开瓶。

(3) 温度适宜。瓶装矿泉水饮用前通常应冰镇，以保证最佳饮用温度；若宾客要求提供常温矿泉水，应当尊重宾客的意愿。

(4) 规范操作。

信息页四　饮料服务礼仪

酒吧中调酒师除了向宾客提供色彩鲜艳、酒香浓郁的鸡尾酒，各种单饮的洋酒外，还提供各种饮料，如果蔬饮料、碳酸饮料、不含酒精的混合饮料等，其礼仪服务要点如下。

(1) 按酒吧服务员的程序及要求对宾客进行饮料服务。

(2) 站位合理。

(3) 杯具和饮料搭配合理。

(4) 操作规范，斟倒手法标准，讲究卫生。

(5) 服务过程中，动作轻捷，不过多打扰宾客。

任务单一　醉酒宾客的服务

酒吧的两位男士已经有了醉意，情绪变得激动起来，又招手要点4瓶啤酒，你该不该给宾客上呢？如果让你劝酒，该如何进行？

分组讨论

你该不该上啤酒：上啤酒＿＿＿＿＿＿　　不上啤酒＿＿＿＿＿＿　（请把😊或😞填入横线）

请写出你的解决办法：

＿＿

关注礼仪服务细节，讨论并完成评价。

小组评价	讨论是否认真、热烈 (2分)	要点是否齐全 (5分)	注意到细节 (3分)	得分

任务单二　我要"蓝带马爹利"

正值酒吧营业高峰，服务员们忙得不亦乐乎。Bruce把一杯冰水递给一位宾客，可宾客却说："我不要冰水，我要'蓝带马爹利'。"Bruce一愣，心想："刚才这位宾客不是说要一杯冰水吗？怎么转眼又要'蓝带马爹利'了？到底是我听错了还是宾客说错了？"

分组讨论

如果你是Bruce，怎样在兼顾酒吧与宾客利益的前提下，解决自己的"错误"呢？

关注礼仪服务细节，讨论并完成评价。

小组评价	讨论是否认真、热烈 (2分)	要点是否齐全 (5分)	注意到细节 (3分)	得分

任务单三　礼仪训练

训练项目：酒吧上酒服务礼仪训练

训练目的：熟练掌握酒吧上酒服务的礼仪要求，接待好宾客，为宾客提供满意的服务。

礼仪要求：将学生每5人分成一组，分别扮演酒吧服务员和宾客，针对下面的场景完成训练。

训练程序：

(1) 服务员热情迎客；

(2) 宾客向酒吧服务员咨询酒的类别和价格；

(3) 服务员接受宾客点酒，提供上酒和续酒服务；

(4) 为宾客结账，礼送宾客。

活动二▶ 音乐茶吧服务礼仪

自古以来，中国人"品茗"之风甚盛。众多喝茶场所中，小的叫茶摊，大的称茶馆、茶楼，现在的茶吧就是从过去的茶馆等演变过来的。还有一些酒店，到了晚上就将白天营业的餐厅和咖啡厅改为音乐茶吧，让宾客品茗会友，轻松一刻。

信息页　音乐茶吧服务礼仪

茶香氤氲缭绕、古筝舒缓悠扬的茶吧又迎来了一天的宾客，在柔和多彩的灯光下，宾客们饮茶品点，欣赏着音乐及茶艺师的表演；光彩照人、柔声细语、手势细腻优雅的茶艺师的表演，甜美微笑、身姿轻快、手法娴熟的茶吧服务员的服务，都让来客备感轻松、愉快。

服务员礼仪

- 着装素雅大方，不浓妆艳抹，不使用气味强烈的化妆品
- 接待热情，引领到位，服务迅速
- 善于观察，细心周到，恰当推介
- 礼送宾客，再次致谢

茶艺师礼仪

- 微笑得体、甜美
- 茶艺表演程序标准，解说词准确。茶艺表演具有一定艺术性，能带给宾客清、静、雅、和的享受，要动作连续、轻盈、细腻、有舞蹈的美感
- 行茶过程准确
- 如需与宾客交流，声音要轻而稳，话不需多，有问有答，目光交流

知识链接

茶艺表演知识

一、茶艺表演的6个条件

（1）茶：这是最基本的条件，不一定是最好的，但一定是客人最满意的。

（2）水：不一定是名泉水，但一定要符合饮用水的卫生标准，无异味、无杂质。

（3）器：是泡茶的工具，不一定是名壶金杯，但一定要适合所表演的茶艺，要以茶定器。

（4）人：是茶艺的主体，要能与茶融合，文明、雅静。

（5）静：品茶的环境要静，这是进入茶艺境界的前提。

（6）雅：是茶室的环境布置，是精神愉悦的条件。

二、茶艺表演的7条标准

茶艺表演的好坏，通常有7条标准进行衡量和评判。

（1）表演：要自然、规范、熟练、优美，韵律舒展流畅与音乐相符。

（2）解说：解说词与表演配合得恰到好处，词语使用恰当。声音优美动听、语言流畅简洁，要用普通话。

（3）茶汤：所泡茶汤符合所用茶的茶汤标准。如红茶红艳透明，绿茶清澈碧绿等。

（4）搭配：服装、服饰、发型搭配是否合理美观；茶具组合是否合理，与所表演的茶艺是否配套等。

(5) 交流：表演人员之间相互配合、协调，反映出整体的美感。

(6) 音乐：所配音乐要同表演的茶艺相协调。音量大小适中，优美动听。

(7) 程序编排：整个表演的程序编排自始至终要科学合理，时间25分钟左右。

三、茶艺表演的8种展示

(1) 展示环境美：这是展示茶艺的环境，也是茶艺馆的硬件。

(2) 展示芳魁荟萃：这是众多茶艺的展示，有名茶荟萃，才有茶艺缤纷。

(3) 展示人性美：美是人的一种追求，对人性美更是如此。因此，茶艺师的容貌是很重要的，不一定是美人，但一定要好看、大方，有内涵、有韵味。

(4) 展示茶具美：茶具配套组合，或砂，或陶，或瓷，都显示出精美的特色。

(5) 展示服装美：不论是茶艺表演还是茶艺师都应有一套合身且美丽大方的服装，显示出茶艺职业服装之美。

(6) 展示语言美：不论是茶艺中的解说词还是茶艺师的用语，都应如莺歌燕语、娓娓动听，显示出语言美。

(7) 展示音乐美：在茶艺中不论是清脆悦耳的琴声，还是绵绵的禅乐，都使人陶醉，显示出茶艺音乐之美。

(8) 展示舞蹈美：茶艺表演中优美的舞姿、柔滑轻松的手法，都显示出舞蹈、太极之美。

(资料来源：http://peixun.shangdu.com/1240.htm)

?? 任务单　礼仪训练

礼仪训练一：坐姿训练

礼仪要求：挺胸收腹，双肩自然下垂，双手放置在茶巾上，稳坐椅子的1/3。

训练程序：

(1) 将学生分成4组，分别演示；

(2) 学生互评打分；

(3) 教师总结。

礼仪训练二：敬茶礼仪训练

模拟场景：把全班学生分成几组，每组选几名学生，由一人扮演服务员，其余人扮演宾客，进行敬茶、续水礼仪服务。

礼仪要求：讲究顺序，双手敬茶，杯耳朝向宾客，茶斟7分满，把握续水时机。

训练程序：

(1) 互换角色进行训练，灵活运用敬茶、续水中的礼仪操作；

(2) 互相点评，指出优点和不足，共同体会礼仪对提升服务的要求；

(3) 评出优秀的小组表演；

(4) 学生总结，教师点评。

活动三▶ 咖啡吧服务礼仪

酒店的咖啡吧一般规格都比较小，除了咖啡外，还供应一些简单的食品，如面包、三明治、色拉及一些地方小吃，甚至一些中式小吃。咖啡吧的营业时间一般比较长，有的可能会24小时营业，要求服务员必须以饱满的精神随时迎接宾客，提供最佳服务。

信息页一　咖啡服务礼仪

咖啡吧是宾客的重要活动场所，咖啡服务员要耐心细致地服务，尽可能满足宾客的不同需求，不可有任何不友好的表示。

- 保持站姿礼仪，表情愉快自然，目光坦诚、友好，迎宾等候
- 热情相迎，礼貌引领，善于观察，依照宾客需求掌控服务繁简
- 为宾客介绍咖啡饮品恰当，尊重宾客选择
- 开单准确、迅速，不同宾客的咖啡标注要清楚无误
- 核对咖啡、检查感观质量，确认服务餐位，保证服务准确；选用色泽考究的成套杯盘，要干净、具有美感
- 用托盘端托咖啡，站在宾客右侧服务，面带微笑，亲切有礼
- 上咖啡时操作规范灵活、迅速准确，提高宾客满意度
- 要善于运用服务语言，使宾客感受到礼貌、热情与尊重
- 席间随时关注宾客需求，服务于宾客开口之前，让宾客享受超值服务

信息页二　咖啡早餐服务礼仪

有些住店宾客喜欢在咖啡吧用早餐，服务员在服务时要快捷、周到，保证宾客满意，其礼仪要点如下。

- 微笑迎客，记录人数，选择区域，引领到位，拉椅让座
- 铺设餐巾，呈递菜单，预祝宾客好胃口
- 尊重宾客点餐或者自助的选择，服务迅速、到位
- 结账并礼送宾客

知识链接

咖啡吧早餐服务知多少

(1) 早餐服务。迎宾问候，引领入座，主动为宾客介绍当日新鲜果汁、咖啡或茶；站在宾客右侧一步处，按女士优先的原则，顺时针方向请宾客点菜，下单前复述一遍；根据宾客所点的早餐种类提供相应的礼仪服务。

(2) 自助早餐服务。宾客就座后服务咖啡或茶；宾客自助取餐；如果宾客没有额外的点餐需求，可提前为宾客准备好账单。

(3) 欧陆式早餐服务。宾客就座后服务咖啡或茶；询问宾客所需果汁的种类；询问宾客需要面包还是烤面包片；做好相应的礼仪服务。

(4) 英式早餐服务。英式早餐按照热饮、果汁、面包、谷类食物、蛋类食物、甜食的次序上菜和服务。宾客就座后服务咖啡或茶；询问宾客所需果汁或水果的种类；询问宾客所需面包的品种；询问宾客所需蛋类、肉类及鱼类等的烹制方法和特殊要求；做好相应的礼仪服务。

(5) 日式早餐服务(时令水果、海鲜类、日式泡菜、日式清茶等)。提供日式早餐服务时，必须向宾客说明日式早餐需要的准备时间；宾客就座后服务日式清茶；准备日式早餐所需的餐具；为宾客送上食品，做好相应的礼仪服务。

(6) 中式早餐服务。宾客入座后服务茶水；询问宾客所需粥和点心的品种；根据宾客所点菜品调整餐具；服务过程中要及时为宾客撤掉空碟和空杯，随时关注宾客的需要添咖啡或茶。

任务单一　咖啡吧服务礼仪

咖啡吧是宾客的重要活动场所，咖啡服务员要耐心细致地服务，尽可能满足宾客的不同需求，不可有任何不友好的表示。如果你是咖啡吧服务员，面对下面这些宾客，该如何进行礼仪服务？需要注意哪些细节？

分组讨论

(1) 桌子上开着电脑，衣服搭在椅背上的宾客。

如何服务：

服务细节：

_____

(2) 急匆匆地进来，说话很快，边点早餐边看表的宾客。

如何服务：

_____

服务细节：

_____

(3) 一对情侣手拉着手，很悠闲地步入咖啡吧。

如何服务：

_____

服务细节：

_____

(4) 早上，打着哈欠来点餐的男士。

如何服务：

_____

服务细节：

_____

关注礼仪服务细节，讨论并完成评价。

小组评价	讨论是否认真、热烈(2分)	要点是否齐全(5分)	注意到细节(3分)	得分

任务单二　咖啡放凉以后

　　咖啡吧来了一位宾客，点了一杯摩卡。服务员小张迅速服务上好咖啡，恰好宾客手机响起……十几分钟后，宾客发现咖啡已经凉了，便投诉咖啡不热。如果你是小张，该怎样做才能体现良好的服务意识和礼仪，尊重宾客，赢得宾客的赞许？

分组讨论

　　如何服务：

活动四 客房送餐服务礼仪

客房送餐服务是星级酒店为住店宾客提供的便利生活服务之一，住店宾客通过电话或门把手菜单进行订餐，由客房送餐员将所点食品、饮料等送至客房，宾客在房内用餐。客房送餐服务体现了酒店的规格和档次，让宾客感受到超值服务。

信息页 客房送餐服务礼仪

客房送餐服务最讲究的就是服务的准确和及时，通常早餐要在20分钟内，午餐和晚餐要在30分钟内送到客房，不能让宾客久等；宾客点菜的时候要重述一遍避免出错。接受宾客送餐预订时要热情，如果没有宾客所点的菜肴，要解释清楚，并推荐同类菜肴，具体礼仪要求如下。

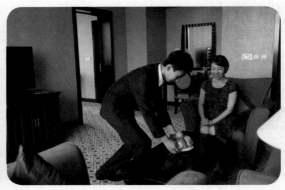

(1) 按餐厅预订服务礼仪接受宾客预订。

(2) 送餐服务员按进出客房礼仪送餐入客房。

(3) 微笑问候，服务到位。见到宾客要先问候，征得同意后，将餐食放在宾客指定的位置。

(4) 菜品介绍及时、恰当。送餐员站在离餐桌一定距离处,用规范的手势逐一介绍菜品,告知宾客食品已全部上齐,请宾客用餐。

(5) 双手持账单夹,将账单递给宾客,然后将准备好的笔按递物礼仪递给宾客,请宾客在账单上签字,并真诚致谢。

(6) 尊重宾客。征得宾客的同意后,在宾客用餐后2小时左右收拾客房餐具。

(7) 机动灵活。如果宾客要求提供餐间服务,要站立在一旁按照餐厅的规格为宾客提供服务,切不可推诿、不耐烦。

(8) 个性化服务。如果是残疾或生病的宾客,应提供更周到、细致入微的特殊服务。

(9) 满足宾客其他服务要求礼仪。送餐服务中,宾客提出其他服务要求时,送餐员要按照首问负责制原则提供相关服务;能够满足宾客服务需求的,应马上承诺并告知完成时间;如需其他部门合作完成,应认真倾听、准确记录,帮助宾客解决,不能拒绝宾客或让宾客自行联系;无法满足宾客时应说明原因,争取得到宾客的谅解,直接拒绝是非常失礼的;跟踪服务结果,直到宾客满意为止。

🔧 任务单一　迟到的送餐服务

下发任务	入住1208号房的吴女士要求提供房内送餐服务,客房服务中心值班员Mary通知了餐饮部。35分钟后接到吴女士电话:"时间过了那么久餐还没有送到,你们这是什么五星级的服务啊?"没等Mary道歉就挂断了电话。Mary赶紧再次催促厨房,5分钟后终于将餐送进了1208号房。本次服务,由于超时引起了宾客的投诉,必须处理好,你该怎么解决
解决方案	方案一:送餐到房间,立即道歉,取得宾客谅解;同时迅速摆放饭菜,请宾客用餐,礼貌地离开 方案二:迅速送餐到房间,摆好饭菜,如果宾客没有抱怨则不需要道歉,请宾客用餐,礼貌地离开 方案三:迅速送餐到房间,并为宾客摆好饭菜,介绍酒店赠送的果盘,同时表示歉意,祝宾客用餐愉快后礼貌地离开
方案分析	请选择合适的解决方案:方案一_____　方案二_____　方案三_____ (请把☺或☹填入横线),并进行分析

小　组评　价	讨论是否认真、热烈 (2分)	方案分析准确 (5分)	注意到细节 (3分)	得分

分组讨论

选择依据:

_____

任务单二　只能吃碗面

下发任务	凌晨2:00下榻到酒店的李先生感觉肚中饥饿，就找出《服务指南》翻阅起来，见上面印有24小时送餐服务的电话，就按号码拨打过去，却很长时间都无人接听。李先生感觉奇怪，又试了两次，依然无人接听。李先生随即又拨打了客房服务中心的电话，询问送餐情况，服务员说："西餐厅24:00就下班了，酒店后半夜并无送餐服务。"李先生听后有点恼火地质问道："服务指南上明明写有24小时送餐服务啊！"客房中心服务员在电话中向李先生表示了歉意，并说："客房中心备有碗面出售，如果有需要，可以立即给您送来。"李先生勉强表示同意。如果你是客房中心值班员，应该怎么处理？
解决方案	方案一：送餐服务只是一项附加服务，不是酒店的主营业务；宾客点菜似乎也是餐饮部的事，与本部门无关 方案二：主动、及时地向酒店经理反映，重视客房送餐服务
方案分析	请选择合适的解决方案：方案一_____　　方案二_____ (请把😊或☹填入横线)，并进行分析

小组评价	讨论是否认真、热烈 (2分)	方案分析准确 (5分)	注意到细节 (3分)	得分

分组讨论

选择依据：

任务评价

其他服务礼仪

评价项目	具体要求	评价			建议
		😊	😐	☹	
其他 服务礼仪	1. 熟知酒吧服务礼仪				
	2. 了解音乐茶吧服务礼仪				
	3. 熟知咖啡吧服务礼仪				
	4. 掌握客房送餐服务礼仪				
学生自我评价	1. 准时并有所准备地参加团队工作				
	2. 乐于助人并主动帮助其他成员				
	3. 能够倾听他人意见并与之交流				
	4. 全力以赴参与工作并发挥了积极作用				
小组活动评价	1. 团队合作良好，都能礼貌待人				
	2. 团队成员在工作中彼此信任，互相帮助				
	3. 所有成员对团队工作都有所贡献				
	4. 对团队的工作成果满意				
总计		个	个	个	总评

在其他服务礼仪的学习中，我的收获是：

知识链接　　　　　　　　　**中国主要客源国餐饮接待礼仪**

"习俗移人，贤智者不免"，不同国家和地区的人，因为文化的差异，在礼节习俗上亦有很多不同之处。在国际交往和对客服务中，了解了这些差异，便可避免由此产生的误会或障碍，体现出尊重他人的服务礼仪原则。

一、日本的餐饮服务礼仪

日本国民的特点是勤劳、守信、重礼貌、爱整洁、有公德心、集体荣誉感强。同时，日本国民的等级观念重，妇女对男子特别尊重。

（1）为日本人服务时，可以称其为"先生""小姐"或"夫人"，接待时要深鞠躬表示欢迎。

（2）日本人不喜欢4、6、9、13几个数字，领位员在领位时要注意安排桌号，体现尊重宾客习俗的礼仪要求。

（3）日本人在颜色上不喜欢绿色、紫色，忌讳荷花图案，在选用桌布和用餐环境时，应注意避开。

（4）日本人口味清淡，喜欢用水煮和火烤，爱吃鱼；不吃肥猪肉和猪内脏，偏爱中国的广东菜和上海菜，推荐菜肴时不要说错。

（5）日本人爱喝酒，可以推荐日本清酒、中国酒和西洋酒；讲究茶道，为其推荐绿茶或乌龙茶。

（6）"礼多人不怪"，为日本人服务要处处讲"礼"。

二、韩国的餐饮服务礼仪

韩国与我国山东半岛隔海相望，一般来讲，韩国人勤劳坚韧、自尊心强、非常注重礼仪。同样，韩国妇女对男子也十分尊重。

（1）接待韩国人时，如果有男有女，问候时要把"先生们"放在前面说；更不要将韩国人误认为日本人。

（2）韩国人忌讳数字4和13，为其安排桌号时要避开。

（3）韩国人爱吃米饭、冷面，酷爱泡菜和烤肉，爱喝汤，喜欢辣味，可以为其推荐四川菜。

（4）韩国男子爱喝酒，可以为其推荐各种酒品；喜饮传统绿茶、水果茶和大麦茶。

（5）为韩国人服务要安静，更不要大声地打喷嚏。

三、英国的餐饮服务礼仪

英国人普遍具有良好的礼仪素养，他们注重礼仪形式，尊重妇女，于细节中体现教养，于礼节中展现教养。

（1）英国人忌讳数字13，安排桌号时要避开；讨厌大象、孔雀、百合花等图案，要注意用餐周边环境的选择。

（2）英国人不吃狗肉，不喜欢过辣过咸的菜肴，忌讳放味精，推荐菜品要注意。

（3）英国人喜欢喝啤酒和威士忌，喝红茶，可以有针对性地推荐。

（4）对客服务要保持距离，席间服务时要安静，不要让水杯发出声响，更不要打碎玻璃杯或碰翻食盐罐。

四、法国的餐饮服务礼仪

作为举世皆知的世界三大烹饪王国之一，法国人十分讲究饮食，更是把很多商务洽谈安排在美食餐厅进行，方便大家一边喝酒一边谈生意。

（1）法国人忌讳数字13，安排桌号时要避开；讨厌大象、孔雀、仙鹤，忌讳菊花和杜鹃花，忌讳黄色和墨绿色，要注意桌布和用餐周边环境的选择。

（2）法国人喜欢吃奶酪、鹅肝；不喜欢吃辛辣食物、肥肉、鹅肝脏之外的动物内脏、无鳞鱼和带刺带骨的鱼，讨厌核桃，推荐菜肴时要有选择性地进行。

（3）法国人爱喝酒，讲究不同品种的酒水搭配不同的菜肴，推介酒水时可以有更大的空间。

（4）法国人喜欢边吃边谈，注重席间服务礼仪和细节，对服务员礼仪要求高。

五、德国的餐饮服务礼仪

德国人以严谨著称，他们注重礼仪形式，讲究会客和宴请的地点，注重设备的豪华和现代化程度，乐于在优雅、卫生的餐厅用餐。

（1）德国人忌讳数字13和郁金香花，忌讳茶色、黑色、红色和深蓝色，反感在公共场合交叉握手或交叉谈话，为宾客领位和点菜时要注意。

（2）德国人喜欢吃猪排、香肠、各种牛肉食品和禽蛋，葱头是饮食中必不可少的；不喜欢辛辣口味、油腻食物、羊肉和海味。推销菜肴的范围很广，但注意别犯忌讳。

（3）吃鱼用的刀叉不得用来吃肉和奶酪；忌讳吃核桃。

（4）喜欢喝啤酒、葡萄酒、果汁和矿泉水。

六、俄罗斯的餐饮服务礼仪

俄罗斯人性格开朗、豪放，集体观念和纪律意识强，尊重女性，讲究礼貌。他们很讲究餐桌陈设的艺术性，认为美好的餐台设计会给人带来喜悦，并能增进食欲。

（1）俄罗斯人忌讳数字13，但偏爱数字7，服务员在安排桌位时针对性非常强。

（2）饮食上俄罗斯人一般不吃乌贼、海蜇、海参和木耳等食品，个别人还不吃虾和鸡蛋，和中国人的喜爱差别很大，推荐菜肴时不可大意。

（3）境内的鞑靼人不吃猪肉、驴肉和骡肉，犹太人不吃猪肉和无鳞鱼，伊斯兰教徒禁食猪肉和猪制品。

（4）如果用餐人数较多，忌讳把个人安排在桌子的角端吃饭，服务时也要注意不要打翻盐罐。

七、美国的餐饮服务礼仪

美国人性格浪漫，为人诚挚，可以说不太拘小节，但十分强调个人价值、平等和自由。

（1）美国人忌讳数字3、13，讨厌黑色和蝙蝠图案，安排就餐时要注意。

（2）饮食追求快捷、方便，为美国人服务时要有时间观念。

（3）美国人饮食一般以肉、鱼、蔬菜为主，但很少吃羊肉；不吃动物头、爪和内脏，也不吃蛇肉和鸽肉；喜欢吃中国菜，尤其是广东菜。

（4）爱喝矿泉水和冰水，不喜欢喝茶和烈性酒，推荐时要避免。

（5）为美国女士服务，通常不要上香巾，除非主动要求；遇到给非洲裔美国人服务时，尽量不要提"黑"字。

会议服务礼仪

　　随着经济的发展，各行业或领域的规划会议、总结会议、研讨会议及重要的会谈越来越多，会议接待标准越来越高。提供会议场地的酒店，对会议接待的服务礼仪也越来越重视，期待通过优质的服务，表达对来宾的重视和尊敬，同时展示其文化内涵与实力。这便对提供会议服务的酒店行业提出了更加规范化、专门化、精细化的要求。酒店设置了各种功能齐全的会议室，可进行各种类型的会议服务，对会议服务人员的礼仪素质也提出了更高的要求。

　　酒店工作人员应学会如何以礼仪的标准做好会议的服务工作，展示良好的礼仪形象，配合会议主办方举办好各种会议。

　　比如，2022年在北京举办的第24届冬季奥林匹克运动会，从申办、筹备到举办，相关会议数不胜数，每场活动的成功都体现出卓越的服务，这一切都源于精心的准备、倾情的付出。北京冬奥会既是体育竞技的舞台，也是展示"北京服务"的窗口，是中华礼仪文化与奥林匹克精神的完美融合。

课程思政元素：

总体要求：在会议服务礼仪学习和训练中要坚持敬业、精益、专注、创新。

岗位要求：在会议礼仪服务中要注重庄重、规范、守信、守时、细致、认真、自觉。

精心服务，做有规划、重细节的酒店人！

——致学习中的你

任务一 # 会前接待、签字仪式服务礼仪

签字仪式是表明双方对缔结条约的重视及对对方的尊重，一般时间跨度较短，但程序规范、气氛庄重而热烈。

工作情境

北京市某五星级酒店积极开展专业服务区域经济的活动，酒店设有大小不等的会议室，为本区政务、商务会议提供服务。近日，酒店接到"区委、区政府决定与某银行合作签字仪式"的礼仪服务任务，酒店与主办者进行了详细的沟通，对场地环境、用品等方面进行了设计准备。为保证服务质量，酒店对参与人员进行了任务分析、人员分工与模拟训练。

具体工作任务

- 掌握参会者进门到会场的会前接待服务礼仪；
- 掌握签字仪式开始到送客的服务礼仪。

活动一 会前接待服务礼仪

参会者进入工作区域后，就会对会议的组织情况产生第一印象，影响其情绪状态。服务员的礼仪礼貌，不仅代表酒店，又受主办方委托，一个微笑、一个礼貌的动作等，都能够使宾客感受到被尊重、被重视。尤其参加签字仪式者，都是各部门的主要领导，影响很大，需要服务员相互配合，完成会前每一环节的礼仪服务，展示热情礼貌、规范服务的基本素质。

北京市某区委、区政府创建北京旅游服务中心工程，至今已经形成一定规模，为进一步加快服务中心建设步伐，区委、区政府决定与某银行合作，并举办合作签字仪式。工作安排如下。

会议日期	×年×月×日
会议地点	北京市某五星级酒店第三会议室
会议类型	签字仪式

（续表）

参会人员及人数	1. 区长、区委书记、副区长		3人
	2. 某银行北京分行行长及代表		5人
	3. 区各职能部门领导		20人
	4. 新闻媒体		15人
主办单位	区旅游局	负责人	李×
会议服务	北京市某五星级酒店客务部	负责人	张×

　　通过会议任务分析，我们知道了这一签字仪式的重要性，出席签字仪式的人员地位较高，既有政界也有商界的重要人物，是较为隆重的签字仪式。我们很多服务员在新闻报道中看到过签字仪式，那只是签字仪式最关键的时刻，而我们的礼仪服务可是从迎宾就开始啦！

信息页　会前接待服务礼仪

一、迎宾礼仪要求

- 车停人到。参照酒店门童服务礼仪，迅速到位服务，体现宾客至上的礼貌态度。服务员要眼勤腿勤，客将到或车将到，都要提前恭候。人等客是尊重，客等人是怠慢

- 站姿规范，开门礼让。若非旋转门，迎宾员应适时为宾客拉门，对宾客的动作有预见性，以体现尊重、殷勤之意

- 微笑欢迎。鞠躬30°并问候："您好！欢迎光临！"

- 礼貌辨别宾客。礼貌问询宾客是否参会人员，如果同时有多家会议，更需仔细辨别会议名称，熟悉会议地点，以免将宾客引错会场

- 规范引领、签到。礼貌的引领手势，配合礼貌的语言，引领宾客到会议签到台，签到并领取会议资料。引领时，要走在宾客的左前方约1.5m处，体现商务活动以右为上的礼仪原则和引领的作用，随时关照宾客

- 到达签到台，与签到处服务人员交接，并向客人礼貌示意后离开

二、签到处服务礼仪要求

微笑问候宾客

- 区分宾客。向客人礼貌问候，并确认参会身份。请宾客出示邀请函或名片，礼仪服务人员要欠身用双手递接，以示尊重；如果主办方指派熟悉与会者的工作人员在此迎接，要听从指挥。如果有重要领导，签名后可直接引领到贵宾室

- 恭请签名。礼仪的规范，是为客人提供更大的方便，所看所用要以客人为中心。签到簿正面朝向宾客，服务人员五指并拢提示宾客签名的位置，签字笔按宾客执笔角度双手递给宾客(或事先放到签到簿右侧，方便宾客使用)："请您在这里签名，谢谢！"

- 佩戴胸花。这既有利于判断客人身份，又可以让客人感觉到被重视，还可以增加会议的隆重程度。胸花分为别针式和磁扣式，一般佩戴在宾客的左胸，但要根据宾客的服装来决定具体位置。一般会议穿着西装，要放在西装左侧领口插花位置。礼仪服务人员要帮助宾客佩戴胸花，佩戴前需征得宾客同意。为客人佩戴，要减少触碰，动作轻柔，注意不要伤到宾客。女性客人由女性服务员为其佩戴。如宾客穿着真丝、羊绒类高档服装，礼仪人员要机动、灵活地处理，可将胸花双手交给宾客，向客人说明，由宾客自己佩戴。

- 会议资料及纪念品发放。为宾客发放资料及纪念品时，应使用手提袋。右手提袋，左手托底，一方面表示恭敬，另一方面方便客人提拿，并礼貌提示宾客："这是会议资料，请您收好！"

三、引领就位礼仪要求

参会人员到达会场

- 引领到会。礼仪服务人员引领宾客到会场要热情，走在客人前侧，不可与客人并行，动作语言要符合礼仪规范。如果客人有较多或较重的物品，应主动询问宾客是否需要帮助提拿物品

- 乘用电梯。协助宾客乘用电梯，到达电梯前要紧走几步，按电梯按钮。出入电梯时请宾客先行，服务员进入电梯后站操纵电梯位置，面向客人，以示对客人的尊重与服务。上下梯时用手挡门，或按住开门钮，保证宾客乘梯安全

- 到达会场。与会场服务人员交接，向客人告辞。会场服务人员确定宾客座位，为宾客拉椅让座

- 服务茶水。根据宾客座位情况，礼貌亲切地配合参会准备。机动灵活地为宾客进行椅后倒茶或是桌前倒茶，注意安全，避免烫伤宾客。因会议尚未开始，可以适当与客人交流，比如："您需要茶还是矿泉水？"

- 椅后倒茶。左手提壶(位置要低，避免烫伤宾客或自己)，侧身站于宾客座椅右后侧，以宾客为中心，面向客人，是对客人的尊重。为客倒茶，7分满，盖好杯盖，用"请"的手势示意宾客用茶

- 桌前倒茶。右手提壶，参照椅后倒茶方式，也可以语言提示："请您用茶。"微笑，用目光与客人亲切交流

领导到达贵宾休息室

- 微笑问候。微笑迎候客人，及时问候，并为客人开门礼让

- 衣帽服务。贵宾休息室要为宾客提供衣帽服务，使其在与会者面前展示良好形象。衣帽服务要主动、规范，站在客人侧后方，在客人将外衣脱至上臂处

(续表)

时，及时接住，帮助客人脱去外衣。动作不能早，不能引起宾客反感。要用衣架挂好衣物，帽子、围巾等物放在一起，努力记忆客人的衣物，避免宾客衣帽出错

- 佩戴胸花(参照签到处胸花佩戴)
- 领导落座。热情、细心地协助领导在合适的位置就座
- 香巾服务。操作规范，服务员手部不能接触香巾，不遗漏。客人用完及时收回，保持桌面整洁
- 果品服务。操作卫生，手势规范，不打扰宾客。将果盘上覆盖的保鲜膜揭掉，检查果品新鲜度，若不合格，及时调换。摆上水果叉或牙签，方便宾客享用
- 茶水服务。如果是前茶几，服务员应将茶泡好，用茶盘端上。茶几前应采取蹲姿服务，服务人员的头位不能高于宾客，是体现宾客尊贵的肢体语言，双手将茶奉上。起身时，双手拿托盘，运用告辞时的礼貌动作，先后退再转身离开，以示对宾客的恭敬
- 签名题字。请贵宾签字，将签到簿正面朝向宾客，双手递上，宾客接过后再双手递笔；如果请宾客题字，需要事先做好准备，引领客人到桌前，在题字过程中主动配合好宾客

知识链接　　　　**会前接待服务注意事项**

（1）如果工作人员对宾客比较熟悉，可以不收取宾客的邀请函或名片，直接请宾客签字即可。商务型会议，可通过收取名片，为后期业务的开展积累客户资源。

（2）佩戴胸花的作用：一是增加会议隆重、热烈的气氛；二是体现宾客的身份，以示宾客的尊贵；三是便于服务员辨别客人身份，及时周到地对宾客服务。

（3）为方便宾客携带，会议资料及纪念品一般放在定制的袋子里，既方便宾客又能够起到宣传作用。

?▷任务单一　服务礼仪知识小测验

1. 引领时走在宾客左前方是要符合引领及_____的礼仪原则。

2. 出入电梯时，服务员按的第一个操纵钮是_____。

3. 在椅后为宾客倒茶时，服务员站在椅子_____，_____手提壶，杯盖放桌上或_____。

4. 茶杯的摆放，杯把要朝向宾客的_____手。

5. 资料袋要用_____手拎袋，_____手托底的方式递给宾客。

6. 对穿西装的客人，胸花应戴在_____位置。

7. 请宾客签名时，签名簿的_____面朝向宾客，签字笔放在宾客_____手位置。

8. 在沙发前的茶几上为宾客上茶应采用_____体姿。

9. 为宾客提供衣帽服务时，在客人将外衣脱至_____处时，服务员才可以伸手协助客人。

10. 列举迎宾礼仪的语言。

?▷任务单二　会前接待服务礼仪训练

训练项目一：区分宾客礼仪训练

训练目的：通过区分宾客礼仪训练，帮助学生熟练操作。

礼仪要求：将学生2人分为一组，分别扮演宾客和服务员，进行区分宾客练习。

训练程序：

(1) 两名学生互换角色进行演练，要面带微笑，动作自然，用语恰当；

(2) 请学生设置不同场景练习(来宾是该会议接待宾客；来宾为另一会议接待宾客)；

(3) 学生点评，教师指导。

训练项目二：佩戴胸花礼仪训练

训练目的：通过佩戴胸花礼仪训练，帮助学生熟练操作。

礼仪要求：将学生2人分为一组，分别扮演宾客和服务员，进行佩戴胸花练习。

训练程序：

(1) 两名学生互换角色进行演练，动作迅速、安全；

(2) 请学生自己设置不同场景；

(3) 学生点评，教师指导。

训练项目三：蹲式上茶礼仪训练

训练目的：通过蹲式上茶礼仪训练，帮助学生熟练操作。

礼仪要求：将学生2人分为一组，分别扮演宾客和服务员，进行蹲式上茶练习。

训练程序：

(1) 两名学生互换角色进行演练，动作熟练、自然，态度热情不夸张，处处尊重宾客；

(2) 学生点评，教师指导。

?2 任务单三 会前接待服务礼仪的情境模拟

将学生分成几组，进行会前接待的情境模拟，要求：

1. 按工作岗位分工。(填入评价表)

2. 个人礼仪形象准备：着装、仪表、举止。

3. 服务礼仪的表现场景。

情境一：迎宾服务礼仪。

情境二：签到处服务礼仪。

用具：签到台、胸花、签到簿、资料袋、签字笔、请柬、名片。

情境三：贵宾室服务礼仪。

用具：衣帽、胸花、沙发、茶几、茶具、签到簿、资料袋、签字笔。

情境四：签字仪式会场接待服务礼仪。

用具：会议桌椅、茶杯、暖壶。

4. 情境模拟评价。

会前接待服务礼仪评价表

情境	服务员	礼仪表现的优点	礼仪表现的问题
迎宾			
签到处			
贵宾室			
会场			

活动二 **签字仪式服务礼仪**

签字仪式是双方就某一领域的重大问题达成协议而举行的仪式，是后期双方合作的依据和责任。签字仪式时间一般不会很长，气氛隆重而愉快，对仪式的要求非常严格。服务人员应规范掌握签字仪式的服务礼仪和服务方式，同时要了解主办方的特殊要求，配合主办方完成庄重而愉快的签字仪式。

信息页 **签字仪式服务礼仪**

一、签字仪式场地、座位安排礼仪

签字仪式场地、座位安排，以及国旗的悬挂都要符合"以右为上"的礼仪原则(主方的右手位为客方)，双方应以场地中心对称布局，使用物品大小一样、朝向一致，以示双方平等和相互尊重。

1. 简短仪式的安排

由于签字仪式简短，双方人员仪式开始即站在签字人后面，见证签字并等候合影。

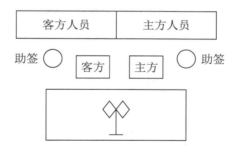

2. 隆重仪式的安排

隆重的签字仪式，内容较多，时间较长，出席人员较多。一般安排双方与会人员台下就座，签字后邀请主要与会人员上台合影。

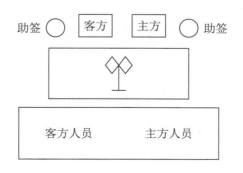

二、签字仪式服务礼仪

(1) 引领与会人员进入会场。服务人员协助领导入座后，迅速撤到会场外围，以免影响新闻媒体拍摄。服务人员一般不要出现在记录影像的资料中，以免喧宾夺主让客人感到不愉快。

(2) 台侧恭候。仪式开始，两名助签人员(一般为女性)穿着喜庆服装或正装裙装，面带微笑，端庄站立于签字台外侧，为仪式增加隆重、喜庆的气氛。

(3) 协助签字人入座。主持人宣布双方签字人，服务人员要出迎几步，到签字人身前侧让，引导签字人到签字桌边，做出恭请礼让手势，协助签字人入座。

(4) 协助签署文件。助签人员将文本打开，把签字笔递到签字人右手，并五指并拢向签字人指明签字处。双方签好后，两位助签人员在签字人身后、双方中心位置交换文本，再次请双方签字人签字。

(5) 暂时保管文本。双方签字人热烈握手，助签人员在适当时间接过文本，以方便签字人相互祝贺。即刻将文本交与各方工作人员收存。

(6) 安排双方主要人员合影。服务人员迅速将签字桌椅撤离，如果是隆重仪式还应迅速邀请双方主要人员上台合影，站位安排符合"以右为上"的原则，配合主办方工作人员工作。

(7) 递酒庆贺。合影完毕，两位服务员迅速送上起泡葡萄酒(喜庆酒)，按礼宾服务顺序，由中间向两边递让给与会人员。举杯庆贺后，服务员迅速接收酒杯，安排领导退席。

(8) 配合采访。如果主办方安排记者采访，服务员应礼貌地安排其他人员退席，维持会场秩序。给受访者安排一个突出会议主题的合适背景。

(9) 礼貌送客。如果领导还需座谈，回到贵宾室，服务员继续茶水等服务；如果领导离开，要迅速协助衣帽服务，从衣架上取下衣物，请客人过目并询问："这是您的衣物吗？"站在客人后侧进行穿衣服务，或递给客人自己穿戴。提醒领导带齐携带物品，并礼貌送客。

知识链接

服务提示

(1) 在签字桌前交换文本会挡住签字人和台下与会人员的视线，有失礼貌，也会影响拍摄影像记录资料。因此，助签人员应从签字人身后交换文本。

(2) 双方于中心位置交换文本，是彼此相互平等、尊重的体现，偏向一方易引起误解，在场地布置方面，此点也非常重要。

(3) 与会人员的站位，按职位高低由中间向两边排列。

(4) 庆贺用酒水可依照主办方安排，也可用酒度不高的红葡萄酒代替。或为了防止仪式结束后引起酒驾，可用饮料代替。

(5) 服务员根据仪式程序，掌握好开酒和斟酒的时间。

？ 任务单一　礼仪知识小测验

1. 签字仪式的会场安排。客方安排在主方＿＿＿＿＿＿＿侧，助签员安排在签字人＿＿＿＿＿＿＿侧。

2. 签字桌上摆放的物品有＿＿＿＿＿＿＿、＿＿＿＿＿＿＿、＿＿＿＿＿＿＿，还可以有＿＿＿＿＿＿＿。

涉外活动要有双方＿＿＿＿＿＿＿。

3. 签字仪式场地、座位安排。国旗的悬挂应符合"＿＿＿＿＿＿＿"的礼仪原则，双方位置以场地＿＿＿＿＿＿＿布局，使用物品＿＿＿＿＿＿＿一样，文字物品＿＿＿＿＿＿＿一致，以示双方平等。

4. 庆贺的酒应为＿＿＿＿＿＿＿或＿＿＿＿＿＿＿酒，在＿＿＿＿＿＿＿时送上，符合礼宾顺序原则，由＿＿＿＿＿＿＿向＿＿＿＿＿＿＿递送。

5. 第一次交换文本由＿＿＿＿＿＿＿在＿＿＿＿＿＿＿后侧＿＿＿＿＿＿＿位置交换。

？ 任务单二　签字仪式服务礼仪训练

训练项目一：助签员服务礼仪训练

训练目的：通过助签员服务礼仪训练，帮助学生掌握助签操作礼仪规范。

礼仪要求：将学生4人分为一组，分别扮演主、客方宾客和两名助签员，为宾客进行助签服务。

训练程序：

(1) 站姿、站位、微笑训练：助签员一般穿着喜庆服装，需有较好的礼仪形象。

(2) 手势、交换文本训练：动作到位，举止规范优雅。

(3) 学生点评，教师指导。

训练项目二：起泡葡萄酒服务礼仪训练

训练目的：通过起泡葡萄酒服务礼仪训练，帮助学生掌握相应礼仪规范。

礼仪要求：将学生10人分为一组，分别扮演主、客方宾客和两名服务员，为宾客进行起泡葡萄酒礼仪服务。

训练程序：

(1) 开启、斟倒起泡葡萄酒的时间掌握：把握好由开启到斟至每个酒杯的所需时间，不能让宾客等候，影响仪式进程。

(2) 推算开启起泡葡萄酒的时间：由于是起泡酒，要注意开启时间，保证酒的新鲜度和最佳饮用温度，以及递送给宾客的时机要恰到好处，体现服务的及时、准确。

(3) 托送起泡葡萄酒与托收酒杯的训练：由于宾客比较集中，托送时要善于观察，既要注意递送的安全性和位置，保证酒水不倒不洒，同时要保证人手一杯。

(4) 学生点评，教师指导。

训练项目三：会场送客服务礼仪训练

训练目的：通过会场送客服务礼仪训练，帮助学生掌握会场送客服务操作礼仪规范。

礼仪要求：将学生20人分为一组，分别扮演主客方宾客、媒体和4名服务员，为宾客进行会场送客礼仪服务。

训练程序：

(1) 为贵宾及时递送衣帽，并提醒贵宾带好个人物品，体现贴心的服务。

(2) 安排场景：及时疏导宾客，有媒体采访时，保证周围声音不嘈杂、背景不杂乱。

(3) 学生点评，教师指导。

任务单三　签字仪式服务礼仪的模拟

签字仪式服务，看似简单，却包含许多礼仪规范。训练目的是有效地熟悉岗位礼仪规范，但是在实际应用中，情况是多变的，需要服务员灵活掌握，设置不同的情境进行模拟。将学生分成4组，进行签字仪式现场模拟演练。最后来比较一下，相互借鉴，改进工作，力争把任务完成得更精彩。

1. 场地布置。

用具：

第一部分，签字桌椅、台呢、文件夹、签字笔；

第二部分，主持人发言席、鲜花、话筒、会标、部分桌椅；

第三部分，起泡葡萄酒、香槟酒杯、开启酒瓶用具、托盘；

第四部分，衣帽、茶具。

2. 服务员分组分工。(填入评价表)

(1) 会议主持；

(2) 助签服务；

(3) 酒水服务；

(4) 送客服务。

3. 个人形象准备：着装、仪表、举止。

4. 情境模拟评价。

签字仪式服务礼仪评价表

组别	岗位	姓名	评价
一组	主持人		
	助签员		
	酒水服务		
	贵宾服务		
二组	主持人		
	助签员		
	酒水服务		
	贵宾服务		

任务评价

会前接待、签字仪式服务礼仪

评价项目	具体要求	评价			建议
		😊	😐	☹️	
会前接待、签字仪式服务礼仪	1. 掌握会前接待服务礼仪				
	2. 掌握签字仪式服务礼仪				
	3. 能够完成签字仪式服务工作				
学生自我评价	1. 准时并有所准备地参加团队工作				
	2. 乐于助人并主动帮助其他成员				
	3. 能够倾听他人意见并与之交流				
	4. 全力以赴参与工作并发挥了积极作用				
小组活动评价	1. 团队合作良好，都能礼貌待人				
	2. 团队成员在工作中彼此信任，互相帮助				
	3. 所有成员对团队工作都有所贡献				
	4. 对团队的工作成果满意				
总计		个	个	个	总评

在会前接待、签字仪式服务礼仪的学习中，我的收获是：

迎接贵宾、接见与会见服务礼仪

工作情境

×月×日，在北京某国际酒店将隆重召开"科技论坛年会"。此次年会由多家科技企业和政府部门共同主办。来自中国、美国、法国、德国、瑞士、加拿大、日本、韩国等国的知名科学家、著名高科技企业家、中外投资公司高管、政府官员及研究专家的特邀代表，以及科技界人士千余人出席论坛。届时，将有重要领导出席大会并在大会前分别会见科技界与会人士，以及出席大会的某国专家代表团。会后还将安排有意向合作方的简短会谈。此次论坛规模大、层次高、影响大、任务多，对于酒店及其员工是一次严峻的挑战，也是专业能力的严格检验。

具体工作任务

- 掌握领导的迎接服务、贵宾室的接待服务礼仪；
- 掌握与会人员的接待服务礼仪；
- 掌握领导接见科技界人士的服务礼仪；
- 掌握领导与某国专家会见的服务礼仪。

活动一 ▶ 迎接贵宾服务礼仪

领导要在大会前会见专家，是对前期合作的肯定，对合作的重视，可以为后期的合作与发展奠定基础。为保证会见的顺利进行，需要服务人员做好会见前的一切准备工作。由于出席此类会议的人员身份较高，会议的影响力很大，因此，对服务礼仪提出很高的要求，服务员要进行精心的准备与模拟训练，各环节不允许有任何问题。

信息页 迎接贵宾服务礼仪

礼貌而规范地迎接会见的双方贵宾到达各自的休息室，是为后面的会见做好准备工作，也是顺利进行会见的保证。各个环节、细节要精心安排，以保证万无一失。服务人员要相互配合，以饱满的精神、热情的态度、规范的服务完成任务。

- 门外迎候表热情。事先了解贵宾基本情况，礼仪人员与承办单位领导、工作人员及酒店门童一起在门外迎候贵宾。迎客的远近表示敬客的程度，对尊贵的宾客主办方派车前往迎接，并在店外专人迎候

- 迎客到位。贵宾车到，门童立即上前为宾客开车门，此时应用急行步态，车到人到，以显示对客人的热情态度。礼仪人员跟随承办单位工作人员到车门位置迎客

- 明确指示。贵宾下车后，迎接的工作人员与贵宾握手问候，并指示礼仪人员将贵宾引领到某一会见方休息室，应明确地点。不可根据来宾的相貌来判断宾客是中方人员还是外方人员。因会见双方事先不能见面，所以要明确听从工作人员的指示，绝不能将贵宾带错，否则，将带来不可挽回的损失，直接影响会见的效果。所以，听从指示与明确任务非常重要

- 开门礼让。开门迎客，是礼仪规范。门童保证大门处于开启状态

- 微笑引领。距贵宾1.5m左右，微笑着示意："您好，您这边请！"

- 行走路线。因会见双方此时不宜见面，必须按规定行走路线引领贵宾，需要乘用电梯时，服务员要告知贵宾"休息室在×层"。操作好电梯，保证贵宾安全。出入电梯时，请贵宾先行

- 贵宾签到。到达休息室提示贵宾签到，签到簿正面朝向贵宾，提示签名位置，签字笔按执笔角度递给贵宾或事先放在签到簿右侧，方便贵宾使用。如果是贵宾就座后签名，将签到簿正面朝向贵宾，双手递上，贵宾接过后再递笔；如果请贵宾题字，需要准备好台子，铺上台呢，备好笔、墨、纸、砚

- 贵宾室服务礼仪(参考本单元任务一)

知识链接

服务提示

(1) 会见是特指为了一定的目的而进行的约会、见面。会见通常分为两类，在国际上一般称为"接见"或"拜会"。凡身份高的人士会见身份低的，一般称为"接见"或"召见"；凡身份低的人士会见身份高的，或是客人会见主人，一般称为"拜会"或"拜见"。拜见君主，又称"谒见""觐见"。我国一般不作上述区别而统称"会见"。接见和拜会后的回访，称"回拜"。

(2) 会见的性质有礼节性的、政治性的、事务性的，或兼而有之。其中，礼节性的会见时间较短，话题较为广泛。政治性会见一般要涉及双边关系、国际局势等重大问题。事务性会见则一般涉及经济、科技、文化交流等业务方面的内容。涉外的事务性会见，还应包括外交方面的内容。

任务单一　礼仪知识小测验

1. 会见服务，酒店门前迎接贵宾的人有：_____、_____、_____、_____。

2. 门前迎宾，要尽可能_____情况。客人车到，门童要使用_____步态，保证_____。

3. 礼仪引领人员要接受_____指示，明确_____，严格按照制定的_____引领客人。

任务单二　获得基本信息

请学生自己来安排会见双方的基本信息，并填写下表，为迎宾服务做好准备。

1. 通过与工作人员沟通，了解宾客的基本情况。

姓名	身份	照片或具体特征	特别服务要求

2. 通过与工作人员沟通，了解各环节及时间控制。

工作岗位	上岗时间	主办方负责人	酒店负责人	备注

3. 确定并绘制所负责一方的行走路线(主方或客方)。

主方路线图

客方路线图

任务单三 迎接贵宾服务礼仪的模拟

教师组织学生，以班级为单位进行会见迎接贵宾礼仪服务。

1. 按工作岗位分工。(填入评价表)

2. 个人形象准备：着装、仪表、举止。

3. 礼仪服务场景及用具准备。

情境：中方(外方)贵宾休息室的服务礼仪。

用具1：签到台、胸花、签到簿、签字笔。

用具2：衣帽、沙发、茶几、茶具、咖啡用具。

4. 情境模拟评价。

迎接贵宾服务礼仪评价表

场景	成员	优点	问题	重点训练	是否达标
迎接贵宾					
中方贵宾室					
外方贵宾室					

活动二 接见与会见服务礼仪

贵宾顺利进入休息室后，迎接工作圆满完成，但是，这项活动的亮点是在会见的时刻。接见与会见的时间都不长，但对礼仪的要求很严格，具有政务的严肃性，也是媒体报道的重点。服务人员应了解主办方的特殊要求，规范掌握会见的服务程序和服务礼仪。为保证会见效果，双方行走不同路线，进入各自的贵宾休息室，并要配合主办方工作人员，做好贵宾室的服务工作，特别是时间控制与服务位置的掌握。

信息页一　接见与会专家服务礼仪

一、接见准备

(1) 按全景摄影要求及人数，安排场地。

(2) 配合工作人员，安排与会人员进入会场就位。

(3) 配合工作人员，确认音响设备、确认摄影师准备到位。

二、接见

(1) 按规定时间引领领导进入会场。

(2) 领导进行会见讲话。

(3) 配合合影留念，随时观察工作人员的需要。

三、接见结束

(1) 引领领导到贵宾休息室。

(2) 安排与会人员有序离开，引领到主会场。

信息页二　会见外方专家服务礼仪

一、会见服务礼仪

(1) 礼貌提醒。会见规定时间前几分钟，配合工作人员提醒贵宾做好准备。

(2) 控制时间。在规定的时间，听从工作人员指挥，同时将中方、外方两个贵宾室大门打开，双方进入会见大厅。

(3) 站位合适。待双方首位领导看到对方后，引领或示意贵宾到达会见厅中心的会见位置，服务人员迅速撤到会场外围，礼貌地保持待命距离，以免影响新闻媒体拍摄。

二、会见场地(一)

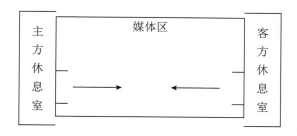

三、会见场地(二)

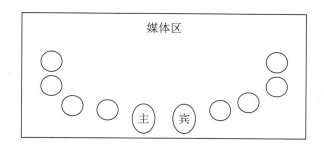

?? 任务单一　礼仪知识小测验

1. 会见服务要注意时间，提前几分钟，在_____时间开启双方大门，引领到位后_____撤离到外围区域。

2. 会见礼仪服务非常重要的事项有：_____的掌握、_____的控制、_____的确定，保证达到会见的效果。

3. 接见是_____先到达会场，等待_____到达。会见要求_____到达。

4. 会见交谈中服务人员的位置要_____，但是要保持_____距离。保密性会见，谈话中服务人员要_____。

?? 任务单二　会见仪式服务礼仪的模拟

将全班学生分成两组，进行会见仪式服务礼仪的模拟练习，相互借鉴，改进工作，确保工作万无一失。

1. 场地布置。

2. 员工分组分工。(填入评价表)

(1) 中方引领;

(2) 外方引领；

(3) 茶水服务。

3. 个人形象准备：着装、仪表、举止。

4. 情境模拟评价。

迎接贵宾、会见服务礼仪评价表

组别	岗位	姓名	评价
一组	开门服务		
	引领服务		
	茶水服务		
二组	开门服务		
	引领服务		
	茶水服务		

任务评价

迎接贵宾、接见与会见服务礼仪

评价项目	具体要求	评价			建议
		☺	😐	☹	
迎接贵宾、接见与会见服务礼仪	1. 掌握迎接贵宾服务礼仪				
	2. 掌握接见服务礼仪				
	3. 掌握会见服务礼仪				
	4. 能够独立完成接见、会见礼仪服务工作				
学生自我评价	1. 准时并有所准备地参加团队工作				
	2. 乐于助人并主动帮助其他成员				
	3. 能够倾听他人意见并与之交流				
	4. 全力以赴参与工作并发挥了积极作用				
小组活动评价	1. 团队合作良好，都能礼貌待人				
	2. 团队成员在工作中彼此信任，互相帮助				
	3. 所有成员对团队工作都有所贡献				
	4. 对团队的工作成果满意				
总计		个	个	个	总评

在迎接贵宾、接见与会见服务礼仪的学习中，我的收获是：

任务三　大型会议、会谈服务礼仪

工作情境

×月×日，在北京某国际酒店将隆重召开"科技论坛年会"。此次年会由多家科技企业和政府部门共同主办。来自中国、美国、法国、德国、瑞士、加拿大、日本、韩国等国的知名科学家、著名高科技企业家、中外投资公司高管、政府官员及研究专家的特邀代表，以及科技界人士千余人出席论坛。重要领导将要出席大会并在大会前分别接见科技界与会人士，以及会见出席大会的某国专家代表团。会后还将安排有意向合作方的简短会谈。这项任务规模大、层次高、影响大、任务多，对于酒店及其员工是一次严峻的挑战，也是专业能力的严格检验。

具体工作任务

- 掌握大型会议服务礼仪；
- 掌握会谈服务礼仪。

活动一　大型会议服务礼仪

大型会议服务礼仪要求服务员懂得突出礼仪的作用，做到既注重礼仪外在形象，又注重礼仪内涵。大型会议服务时间长、人数多、规模大，对服务人员的礼仪素质、身体素质也是一次检验。

信息页　大型会议服务礼仪

会议服务礼仪是保证会议顺利召开并圆满结束的前提和基础。大型会议是与会者众多、规模较大、级别较高的会议。要想达到预期效果，服务员必须精心准备、悉心服务，保证大会的顺利进行。

会前准备

- 主席台座位排序礼仪。大型会议主席台座位排序，遵循以右为上(政务会议以左为上)，按主席台上领导的政务高低，由中间向两边排列，每位领导面前的桌上摆放双向桌签
- 发言人座席：一般设置在主席台的右前方(与会者的左前方)
- 来宾席座位排序礼仪。划分几组服务区域，责任到人，便于服务与管理；按主办单位要求，分派参会人员就座区域
- 会议用品、茶水服务、用品准备及摆放，要仔细倾听并完整记录

迎宾服务礼仪(参照签字仪式)

- 领导到场。引领到位，协助入座，动作礼貌轻柔，不可出现磕碰
- 主席台服务礼仪。主席台上必须采用椅后倒茶方式，不能挡住领导视线，不能触碰主席台上的工作用品及话筒，倒水的声音不能扩音外传

来宾席服务礼仪

- 由于会议人数较多，服务员可以采取桌前倒茶的方式，可一并将杯子和杯盖拿在左手上，提高倒茶的速度，快捷、便利，尽量减少对会议的干扰，同时不要出现漏倒空杯的情况

注目礼

- 会议开始时，如果会议程序中有奏国歌内容，服务员应立即肃立，与与会者一起行注目礼，停止服务工作，以免影响会议的严肃气氛

（续表）

茶歇服务礼仪

- 告知来宾卫生间位置、茶歇食品位置，协助宾客取用食品，随时清理餐饮用具、补充食品
- 茶歇结束，配合工作人员礼貌招呼与会者迅速回到会场

送客服务礼仪

- 会议结束，迅速开启大门，照顾宾客退席，疏导与会者离开，在门口微笑着向宾客道别，提醒宾客带齐个人物品

❓ 任务单一　礼仪知识小测验

1. 主席台上第一排，必须采用＿＿＿＿＿＿倒茶方式，不能挡住领导＿＿＿＿＿＿，不能触碰台上的＿＿＿＿＿＿及＿＿＿＿＿＿，倒水的声音不能＿＿＿＿＿＿。

2. 会议程序中有奏国歌内容，服务员应立即＿＿＿＿＿＿，与与会者一起行＿＿＿＿＿＿礼。

3. 会议休息时，礼貌告知来宾＿＿＿＿＿＿位置、＿＿＿＿＿＿位置，随时清理餐饮用具、补充食品。茶歇结束，配合工作人员＿＿＿＿＿＿与会者迅速回到会场。

4. 会议结束，迅速开启＿＿＿＿＿＿，＿＿＿＿＿＿与会者离开，微笑着向宾客＿＿＿＿＿＿，提醒宾客＿＿＿＿＿＿。

❓ 任务单二　大型会议服务礼仪的训练

训练项目一：茶水服务礼仪训练

训练目的：通过茶水服务礼仪训练，帮助学生熟练操作。

礼仪要求：将全班学生分成两组，每组派2名学生做服务员，进行茶水礼仪服务。

训练程序：

(1) 宾客入场后，进行茶水服务；

(2) 会议进行中的续水服务；

(3) 学生点评，教师指导。

训练项目二：茶歇服务礼仪训练

训练目的：通过茶歇服务礼仪训练，帮助学生熟练掌握茶歇礼仪服务标准。

礼仪要求：将全班学生分成两组，每组派2名学生做服务员，进行茶歇礼仪服务。

训练程序：

(1) 自行设计并布置茶歇的台形；

(2) 茶歇台上的食品、饮料、杯具及酒具的摆放练习；

(3) 服务员随时添加茶点，用托盘撤换用过的餐具，注意不要打扰到宾客；

(4) 学生点评，教师指导。

任务单三　大型会议服务礼仪的模拟

情境安排：这是近千人的大型研讨会议，有中方领导与外国专家，与会人员地位高、素质高，对服务礼仪的要求高。

1. 员工按工作岗位分工。(填入评价表)

2. 个人形象准备：着装、仪表、举止。

3. 场景及用具准备。

情境一：迎宾签到服务。

用具：签到台、胸花、签到簿、签字笔、资料袋。

情境二：贵宾休息室服务。

用具：签到台、胸花、签到簿、签字笔、茶具。

情境三：会场服务。

用具：桌椅、讲台、茶具、暖壶、纸张、笔具、姓名卡、话筒。

情境四：茶歇服务。

用具：餐台、餐具、饮料杯等。

4. 模拟汇报。

注：情境一、情境二在签字仪式服务礼仪中已经掌握，此处可省略。

5. 情境模拟评价。

服务员对大型会议服务礼仪进行了训练与情境模拟，工作能否让宾客满意呢？我们一起来评价分析一下，力求精益求精，使服务能力真正得到提高，加油！

大型会议服务评价表

组别	岗位	姓名	评价
一组	主席台服务		
	来宾席服务		
	茶歇服务		
二组	主席台服务		
	来宾席服务		
	茶歇服务		

【活动二】 会谈服务礼仪

大型会议服务工作圆满完成，主办方又有如下安排：会后，某国内著名科技企业与美国一家企业将就今后的发展与合作问题进行会谈。会谈服务的礼仪要求很严格，不过，服务员有前面工作的基础，一定能够很好地完成此项任务。

信息页 会谈服务礼仪

会谈是双方就共同关心的问题交换意见。服务人员要为会谈活动创造良好的环境，服务工作很辛苦，但依然要用心去做。

一、礼仪要求

(1) 会前准备。布置会场，会谈一般用长方形、椭圆形或圆形桌，根据与会人数安排好座椅及会议用品。

(2) 会谈开始前服务礼仪。协助入席和茶水服务。

(3) 会谈期间服务礼仪。做好茶水服务等工作，随时听候宾客招呼。安排就绪后应退出，门外等候，回避知晓会谈内容。会谈过程中，不要随意进出。

(4) 会谈结束服务礼仪。主动拉椅，照顾宾客退席；检查现场有无遗留物品。

二、会谈座位安排

双边会谈时，宾主相对而坐，以正门为准，主人占背门一侧，客人面向正门，主谈人各自居中。涉外会谈中，我国习惯把译员安排在主谈人右侧，但有的国家亦让译员坐在后面，一般应尊重主人的安排。其他人按礼宾顺序左右排列。记录员可安排在后面，如参加会谈人数较少，也可安排在会谈桌就座。

如会谈长桌一端向着正门，则以入门的方向为准，右为客方，左为主方。多边会谈，座位可摆成圆形、方形等。小范围的会谈也可以不用桌子，只设沙发，双方座位按会见座位安排。

知识链接　　　　　　　服务提示

会谈是指双方或多方就某些重大的政治、经济、文化、军事及其他共同关心的问题交换意见。会谈也可以指洽谈公务和业务谈判。一般来说，会谈的内容较为正式，政治性、专业性较强。

任务单一　礼仪知识小测验

画出双方会谈的座位安排。

会谈座位安排一　　　　　　　会谈座位安排二

任务单二　会谈服务礼仪的模拟

教师组织学生进行会谈服务礼仪的模拟练习，要求如下：

1. 服务员分组分工。(填入评价表)

2. 个人形象准备：着装、仪表、举止。

3. 情境模拟汇报。

(1) 场地布置；

(2) 迎送服务；

(3) 茶水服务。

4. 会谈模拟评价。

会谈服务礼仪突出会谈座位安排、会中服务，要做到既注重礼仪外在形象，又注重礼仪内涵。服务员要对自己的工作提出更高的要求。

会谈服务礼仪评价表

组别	岗位	姓名	评价
一组	会前准备		
	迎送服务		
	会中服务		
二组	会前准备		
	迎送服务		
	会中服务		

任务评价

大型会议、会谈服务礼仪

评价项目	具体要求	评价			建议
		🙂	😐	🙁	
大型会议、会谈服务礼仪	1. 掌握大型会议服务礼仪				
	2. 掌握会谈服务礼仪				
	3. 能够独立完成会议、会谈礼仪服务工作				
学生自我评价	1. 准时并有所准备地参加团队工作				
	2. 乐于助人并主动帮助其他成员				
	3. 能够倾听他人意见并与之交流				
	4. 全力以赴参与工作并发挥了积极作用				
小组活动评价	1. 团队合作良好，都能礼貌待人				
	2. 团队成员在工作中彼此信任，互相帮助				
	3. 所有成员对团队工作都有所贡献				
	4. 对团队的工作成果满意				
总计		个	个	个	总评

在大型会议、会谈服务礼仪的学习中，我的收获是：

康乐服务礼仪

　　随着工作、生活节奏的不断加快，人们工作生活的压力也越来越大，很多人已经陷入"亚健康"状态。因此，越来越多的人开始意识到健康的重要性，为了缓解紧张的工作压力，选择适合自己的娱乐休闲活动，放松愉悦自己的身心，已成为一种必然趋势。

　　酒店的康乐部门为宾客提供娱乐、健身等服务，康乐服务员除了要熟悉服务工作流程外，还要严格遵守服务礼仪规范，其服务水平的高低将直接影响酒店的客源、声誉与经济效益。本单元我们将一起学习康乐服务礼仪，从康乐迎送服务礼仪和接待服务礼仪学起，为宾客提供周到、热情、细致的服务。

课程思政元素：

总体要求：在康乐服务礼仪学习和训练中要坚持敬业、精益、专注、创新。

岗位要求：在康乐礼仪服务中要注重全面、细致、认真、自觉、自律，尊重宾客隐私。

贴心服务，做懂健康、有技能的酒店人！

——致学习中的你

康乐迎送服务礼仪

随着人们生活水平的提高，越来越多人开始喜爱健身等活动。酒店除了提供住宿、餐饮等服务之外，康乐项目也成为其发展不可或缺的项目。它是酒店创办特色品牌的重要依据，也是酒店提供超值服务的基础和前提。

工作情境

健身中心服务员Tom正在为进入保龄球馆的来宾办理手续。他微笑问候着来宾，动作迅速地为宾客办理领鞋、开道手续。

具体工作任务

- 掌握康乐迎送服务礼仪；
- 完成迎宾服务礼仪技能训练。

活动一 迎宾服务礼仪

酒店康乐部门通常分为健身中心和娱乐休闲中心两部分，提供的服务项目多、岗位分工细，而且每个服务项目的独立操作性强，需要服务员提供全面的、高标准的礼仪服务。

信息页 康乐前台迎宾服务礼仪

当宾客到来时，各项目的前台服务员都要主动热情地迎宾、办理手续，以良好的服务态度和礼仪规范对待宾客。在服务中注意着装、微笑、与客目光交流、聆听、语言等礼仪规范的实际运用，要针对不同的项目提供不同的服务，满足不同宾客的需求。

微笑迎宾

- 服务员要着装整洁、精神饱满地迎接宾客的到来。见到宾客，主动微笑、鞠躬并致问候语："您好！欢迎光临。"服务员应礼貌询问宾客准备消费的项目，请宾客出示消费卡或房卡

办理登记

- 前台服务员办理登记时，双手接受宾客出示的房卡、消费卡或押金。不方便用双手时，应用右手接受，并请宾客稍等片刻

换鞋与更衣

- 对于准备游泳的宾客，办理押金手续后，服务员应双手向宾客递送更衣柜钥匙并主动问询宾客鞋码，收取、保管宾客的鞋，同时发放已消毒拖鞋。向宾客致谢，并用规范的手势为宾客指示更衣室方向。必要时，在宾客左前方两三步远的地方亲自将宾客引领到更衣室

- 为准备健身的宾客服务时，要用双手发放更衣柜的钥匙、毛巾等用品，宾客更衣完毕后，应主动迎候。对于首次消费的宾客应主动介绍健身项目，并征询其意向，让宾客自行选择健身项目

- 对于准备打保龄球的宾客，服务员引导宾客到服务台办理领鞋、开道手续，并问明宾客的鞋码，把适脚的干净完好的保龄球鞋袜递给宾客，一同将保龄球鞋的防止滑跌和保护跑道的功能告诉宾客

信息确认

- 宾客签单时，应将笔杆朝向宾客，单据的正面朝向宾客

有的康乐休闲中心还会为宾客提供集休闲、美容、减压、养生于一体的SPA服务。服务员在查看宾客预订后，先要了解宾客的信息和注意事项，提前出门三步面带微笑提供迎宾服务，针对新老宾客区别运用迎接及自我介绍用语。宾客寄存物品时，服务员应主动打开柜门，并提醒宾客贵重物品应随身携带；宾客需要摘掉佩戴的首饰时，应提供首饰盒，并温馨提醒宾客注意保管好；确认宾客锁好柜门后将钥匙圈套入宾客手臂。服务员运用蹲

姿礼仪为宾客进行拖鞋服务，将拖鞋放置于宾客脚侧，并将其换下的鞋妥善放入鞋柜。向宾客确认服务的项目，介绍项目流程和注意事项，并询问宾客是否有不适于项目的情况。引领宾客到更衣室，为宾客提供细心周到的更衣及后续SPA服务。

知识链接

最美的微笑

当宾客来到游泳馆的前台时，看到服务员甜美的微笑，便会产生宾至如归的亲切感。如何才能给宾客留下最美的微笑呢？

(1) 调整心态：注意进行心理调整，想象对方是自己的亲人、朋友。

(2) 表里如一：需要发自内心，做到表里如一。

(3) 整体配合：微笑除了注意口型之外，还需面部其他各部位的相互配合。微笑时，通常是目光柔和发亮，双眼略为睁大，眉头自然舒展，眉毛微微向上扬起，即"眉开眼笑"。避免耸动鼻子、耳朵和微收下巴。

(4) 禁止微笑：服务对象满面愁容、有某种生理缺陷、出了洋相感到尴尬时，服务员不许微笑。

任务单 礼仪训练

训练项目：看得见的"微笑"训练

训练目的：通过"微笑"训练，掌握迎宾服务礼仪，使宾客有宾至如归的感觉，培养良好的服务态度，为更好地完成接待服务工作打下基础。

礼仪要求：发自内心，面带微笑，声音甜美；主动问候，语言规范简练，语音适中，语气柔和、亲切；手势准确，仪态端庄、大方。

训练程序：

(1) 两组学生互换角色，轮流表演；

(2) 把训练成果用手机录下来，分组进行交流；

(3) 学生点评，教师指导。

活动二 ▶ 送客服务礼仪

宾客在康乐结束休闲、娱乐活动后准备离开，服务员要周到、热情相送，不忽略每一位宾客。

信息页 康乐送客服务礼仪

(1) 起立相送。宾客打算离去时，服务员要起身送出，但一定要待宾客起身后，自己再站起来，否则会有撵客之嫌。留意是否有物品遗留，这不仅是体贴宾客的行为，还能减少保管宾客物品的麻烦及责任。

(2) 欢迎再来。将宾客送至门外，尤其对远道而来的宾客更应表达关心之情。礼貌向宾客道别，说"请走好""再见""请下次再来"等，并用肢体语言表示感谢，鞠躬30°以表示衷心的谢意，然后迅速直起身来。

(3) 目送离去。一般将宾客送到门外，若送到电梯口，应为宾客按电梯，陪宾客等候，握手告别后目送宾客下楼或乘电梯离去。

(4) 主动道别。宾客离开时，提醒宾客带好自己的东西，主动道别，欢迎下次光临。

任务单 礼仪训练

训练项目一：游泳池前台接待服务礼仪

角色准备：将学生分成两组，一组扮演宾客，一组担任服务员。

训练目的：通过模拟练习掌握游泳池前台接待服务礼仪。

礼仪要求：主动问候、热情服务，以良好的服务态度和礼仪规范对待宾客。

训练程序：

(1) 分小组讨论，设计情境；

(2) 写出模拟对话过程；

(3) 两组学生互换角色，轮流表演；

(4) 把训练成果用手机录下来，分组进行交流；

(5) 学生点评，教师指导。

训练项目二：保龄球接待服务礼仪

训练目的：通过训练掌握迎宾服务礼仪，培养良好的服务态度，为更好地完成接待服务工作打下基础。

礼仪要求：调整心态，面带微笑，声音甜美；主动问候，语言规范简练，语音适中，语气柔和、亲切；手势准确，仪态端庄、大方。

训练程序：

(1) 两组学生互换角色，轮流表演；

(2) 把训练成果用手机录下来，分组进行交流；

(3) 学生点评，教师指导。

任务评价

康乐迎送服务礼仪

评价项目	具体要求	评价			建议
		😊	😐	☹️	
康乐迎送服务礼仪	1. 掌握康乐迎宾服务礼仪				
	2. 掌握康乐送客服务礼仪				
	3. 能够完成康乐迎送服务工作				
学生自我评价	1. 准时并有所准备地参加团队工作				
	2. 乐于助人并主动帮助其他成员				
	3. 能够倾听他人意见并与之交流				
	4. 全力以赴参与工作并发挥了积极作用				
小组活动评价	1. 团队合作良好，都能礼貌待人				
	2. 团队成员在工作中彼此信任，互相帮助				
	3. 所有成员对团队工作都有所贡献				
	4. 对团队的工作成果满意				
总计		个	个	个	总评

在康乐迎送服务礼仪的学习中，我的收获是：

康乐接待服务礼仪

任务二

随着人们娱乐、健身方式的日趋多样化，康乐服务项目的发展也呈现多元化。完善的康乐设施设备、优雅的康乐气氛环境，吸引着大批的康乐爱好者。

工作情境

某酒店承接了××石油总公司300人的大型会议，会议期限为3天。晚上会务组没有会议安排，而是安排参会人员到健身中心自由活动。很多人根据自己的喜好选择了相应的娱乐休闲活动，服务人员正在热情地为宾客提供着不同需求的服务。

具体工作任务

- 掌握游泳池、健身房、保龄球、KTV和SPA的接待服务礼仪；
- 掌握游泳池、健身房的更衣、巡视服务礼仪；
- 掌握保龄球陪练、饮料服务礼仪；
- 掌握KTV服务巡视礼仪；
- 掌握汗蒸服务礼仪；
- 完成任务单中服务礼仪的案例分析及处理；
- 完成服务礼仪技能训练。

活动一▶ 游泳池接待服务礼仪

游泳是很多宾客喜欢的一种娱乐健身方式，酒店游泳池服务员提供的各种细致、周到的服务能使宾客的身心得到充分放松。游泳池服务员要随时关注每一位宾客的动向，做到反应迅速、细致周到，让宾客在放松之余获得安全感。

信息页一　游泳池更衣服务礼仪

酒店游泳池会专为宾客提供更衣室，服务员应根据宾客的需要适时地进行周到服务。干净整洁的更衣环境、热情细致的服务将给宾客以舒适的感觉。

- 规范引领，打开柜门。宾客持更衣柜钥匙进入更衣室时，服务员应主动微笑并致意问候，引领宾客到相应的更衣柜前。宾客较少时，可以帮助宾客打开柜门
- 主动回避，提示钥匙。宾客更衣时，服务员应主动回避。宾客更衣后，提示宾客将钥匙套在手腕上，并妥善保管
- 耐心等待，切忌催促。如遇到淋浴时间较长的宾客，服务员切记不要催促，说话要和气，掌握好礼貌分寸，耐心等待
- 帮助开柜，热情服务。宾客游完泳、淋浴后回到更衣室时，服务员应帮助宾客打开更衣柜门，及时向宾客提供毛巾、浴袍，并主动示意吹风机、护肤品的摆放位置
- 物品提示，主动道别。宾客离开时，服务员应及时提醒宾客带好自己的随身物品，主动道别，欢迎下次再来

信息页二　游泳池巡视服务礼仪

在游泳池旁会有专门的服务员为宾客提供巡视服务。巡视人员要有很强的观察能力和前瞻意识，时刻注意观察宾客的动向并作出快速反应，进行友情提示，但不要过于频繁，以免打扰到宾客。

- 提示淋浴，进行消毒。宾客进入游泳池区域前须先提示宾客进行淋浴，并经过消毒液浸脚池
- 认真巡视，快速反应。在宾客游泳时，服务员应经常在池边认真巡视，及时对宾客的需要作出反应，发现异常情况立即采取救护措施，以确保宾客在游泳池内的安全
- 仔细观察，主动劝阻。注意观察宾客的身体状况，主动劝阻饮酒过多的宾客，使其不要下水游泳，以免发生危险
- 特别提示，注意安全。救生员应巡视水中情况，特别是深水区。关照初学者，提醒带小孩的宾客照顾好孩子，不要到深水区去。对年老体弱者要主动照顾

任务单一　情境模拟

请根据下列情境，模拟练习游泳池服务礼仪。

人员分配：游泳池服务员1名，男孩2名，一对夫妇，其他宾客2人(男女不限)。

情境一：两个调皮的男孩非常喜欢练跳水，水花四溅，严重影响了其他宾客。有宾客进行投诉。

分组讨论

(1) 该如何做才能既满足其他宾客的正常娱乐，又能很好地提示两个调皮的男孩不要影响到他人？在服务中应注意哪些礼仪细节？

(2) 完成评价。

小组评价	讨论是否认真、热烈 (2分)	要点是否齐全 (5分)	注意到细节 (3分)	得分

情境二：住在806号房间的张先生夫妇午睡后来到了酒店康乐部游泳馆，前台服务员正热情地为他们办理着登记验票的手续。作为游泳池服务员，在对客服务过程中要注意哪些服务礼仪？

(1) 模拟泳池服务过程：分小组模拟，最后由老师带领的点评小组进行评价。

(2) 完成下面的评价。

评价项目	情境安排 (3分)	演示内容 (3分)	表情流露 (2分)	规范体态 (2分)	总分 (10分)	
评价标准	情境模拟符合岗位实际，鲜明有特色	注重服务礼仪细节；熟练、自如	表情(微笑)和语言适度结合	仪态大方，适度	自评	互评
第　组						
第　组						
点评小组记录	优点： 问题：					

任务单二　案例分析

　　王女士是某公司的总经理，由于工作原因到外地出差，她选择了一家五星级酒店入住。会后，王女士便来到健身中心准备游泳，游泳池服务员热情地接待了王女士。这天是周末，又到了晚上8:00，正是游泳池里人最多的时候。游泳池边上有一些浅浅的积水，王女士突然在池边滑倒了。由于刚才有位宾客将躺椅放在了池边上，服务员又没能在宾客离开后及时将躺椅复位，王女士就重重地撞在了椅子上。服务员Tom见此情景，立刻跑过去将王女士扶起来。

(1) Tom的做法是否正确：正确_____　否_____　(请把☺或☹填入横线)

(2) 如果你是Tom，打算如何做？

任务单三　礼仪训练

训练项目一：游泳池更衣服务礼仪

角色准备：将学生分成两组，一组扮演宾客，一组担任服务员。

训练目的：通过模拟练习掌握游泳池更衣服务礼仪，增强细致周到的服务意识。

礼仪要求：主动、耐心、热情、细致，以良好的服务态度和礼仪规范对待宾客。

训练程序：

(1) 分小组讨论，设计情境；

(2) 写出模拟对话过程；

(3) 两组学生互换角色，轮流表演；

(4) 把训练成果用手机录下来，分组进行交流；

(5) 学生点评，教师指导。

训练项目二：游泳池巡视服务礼仪

角色准备：将学生分成两组，一组扮演宾客，一组担任服务员。

训练目的：通过模拟练习掌握游泳池巡视服务礼仪，增强细致周到的服务意识。

礼仪要求：主动、耐心、热情、细致，以良好的服务态度和礼仪规范对待宾客。

训练程序：

(1) 分小组讨论，设计情境；

(2) 写出模拟对话过程；

(3) 两组学生互换角色，轮流表演；

(4) 学生点评，教师指导。

活动二▶ 健身房接待服务礼仪

时下，"健身、养生"等热门话题已成为许多人关注的焦点。酒店宾客在闲暇之余，也会走进健身房，进行各种项目的训练。健身房为宾客准备了各种健身设备，服务员在提供服务时要周到、及时，尤其是要注意宾客的安全。作为健身房服务员，你应该在服务过程中注意哪些礼仪规范呢？

信息页一 健身房接待——语言礼仪

(1) 招呼："您好！欢迎光临！"

(2) 接待："早上好/下午好，×先生/女士。"

(3) 会员登记：

如果会员没有自动给会员卡："抱歉，麻烦您出示一下您的会员卡。"

如果会员忘记带会员卡："请问您的姓名和会员卡号。"

(4) 还卡："这是您的卡！祝您健身愉快！"

(5) 会员等待刷卡："请您稍等！"

(6) 会员参观："请您填好这份表格，接待您的会籍顾问将带领您参观。"

(7) 会员携同朋友："请稍等，您的会籍顾问将带领您的朋友参观。"

(8) 当会员即将离开："您好，欢迎下次光临，请慢走！"

信息页二 健身房服务员巡视礼仪

(1) 讲解示范，科学健身。健身房服务员对不熟悉健身器械的宾客，应该先建议其进行体能测试，以保证宾客能科学、安全地健身。如果宾客对所使用的健身设备和器械使用方法不清楚，要耐心讲解和示范。

(2) 健身高峰，耐心引导。健身高峰期，如果健身设备的接待规模无法满足宾客的需求，服务员应引导宾客到其他器械处做健身活动。

(3) 认真巡视，随时指导，注意安全。坚守岗位，严格执行健身房规定，注意宾客健身动态，随时给予正确指导，确保宾客安全运动，礼貌劝阻一切违反规则的行为。

知识链接　　　　你知道健身房都提供哪些服务吗

一般酒店都会为宾客提供包含各种健身器材的健身房，以满足宾客休闲健身的需要。除此之外，健身房还会为宾客提供更衣和卫生设备。如果宾客运动后需要补充水分和能量的话，健身房内还有各种饮料和小食品供宾客选用；有的健身房内还设有健美、健身用品商店。由于健身器械对体力的消耗较大，所以在健身前对宾客的体能进行检测是很有必要的。对于不熟悉健身器械的宾客，健身房内有工作人员为其示范和指导。同时要及时做好健身房、休息区、更衣室、淋浴室、卫生间的清洁工作。

任务单一　礼仪训练

训练项目一：健身房台前接待礼仪

角色准备：将学生分成两组，一组扮演宾客，一组担任服务员。

训练目的：通过模拟练习掌握健身房前台接待服务语言礼仪。

礼仪要求：热情主动、耐心细致，以良好的服务态度对待宾客。

训练程序：

(1) 根据情境，按照前台语言礼仪要求进行练习；

(2) 两组学生互换角色，轮流表演；

(3) 把训练成果用手机录下来，分组进行交流；

(4) 学生点评，教师指导。

训练项目二：健身房服务员巡视礼仪

角色准备：将学生分成两组，一组扮演宾客，一组担任服务员。

训练目的：通过模拟练习掌握健身房巡视服务礼仪。

礼仪要求：热情主动、耐心细致，以良好的服务态度对待宾客。

训练程序：

(1) 分小组讨论，设计情境；

(2) 写出模拟对话过程；

(3) 两组学生互换角色，轮流表演；

(4) 把训练成果用手机录下来，分组进行交流；

(5) 学生点评，教师指导。

任务单二　情境模拟

请根据下列情境，模拟练习健身房服务礼仪。

人员分配：张先生(男生1名)，张先生的两位朋友(2名，男女均可)，张女士(女生1名)，健身房服务员(1名，男女均可)

情境一：张先生是一位健身爱好者，他坚持来某酒店康乐部健身已多年，成了这里的常客。他很喜欢这里的环境，更享受这里热情、周到的服务。今天他邀约了两位新朋友一同来健身，康乐部健身房服务员小李正耐心热情地给两位新朋友进行体能检测。

(1) 模拟服务过程：分小组模拟，最后由老师带领的点评小组进行评价。

(2) 完成下面的评价。

评价项目	情境安排 (3分)	演示内容 (3分)	表情流露 (2分)	规范体态 (2分)	总分 (10分)	
评价标准	情境模拟符合岗位实际，鲜明有特色	注重服务礼仪细节；熟练、自如	表情(微笑)和语言适度结合	仪态大方，适度	自评	互评
第　组						
第　组						
点评小组记录	优点： 问题：					

情境二：周六下午，刚入住酒店的张女士来到健身房的器械区，但全被占满了。观察到此情景，你作为健身房服务员应该如何做？

分组讨论

(1) 该如何为这位宾客提供满意的服务？在服务中需要注意哪些礼仪细节？

(2) 完成评价。

小组评价	讨论是否认真、热烈 (2分)	要点是否齐全 (5分)	注意到细节 (3分)	得分

?。任务单三　案例分析

一位会员手里拿着面包，边吃边走进了健身房的操房。正在工作的服务员John见到此情景主动上前劝阻其不要在此吃东西。但是，那位会员说他中午没有吃饭，怕一会儿跳操的时候胃难受，马上就能吃完。服务员John再次劝阻说："健身房有规定，不能在此吃东西。"就这样，两个人发生了矛盾与争执。如果你是服务员John，会怎样做？该怎样注意语言的技巧，以有效地劝阻这位宾客？

(1) John的做法是否正确：正确_____ 否_____ (请把☺或☹填入横线)

(2) 如果你是John，在解决问题的过程中应注意哪些？

活动三 保龄球接待服务礼仪

打保龄球也是众多宾客喜欢的一种娱乐健身方式。当宾客来到保龄馆时，作为一名服务员，在对客接待服务过程中应注意哪些礼仪规范呢？让我们一起来学习吧。

信息页一 保龄球陪练服务礼仪

当宾客办完手续，换好鞋后，可以根据自身情况选择场馆内的陪练给予指导。对此，陪练要及时提供耐心、细致的示范讲解服务。

- 耐心讲解，帮助选球。请宾客选择适当重量的保龄球。对初次来的宾客，要根据他们的性别、年龄、体重等，帮助选择重量适当的保龄球，并详细介绍活动的步骤与方法，必要时为宾客提供技术指导服务
- 根据需求，适时讲解。宾客打球记分时，可根据宾客的要求将得分和积分规则向宾客进行适当的讲解
- 随时服务，适时鼓励。宾客进行活动时，要站在球道的后端随时听候宾客的吩咐，服务的同时注意宾客的运动成绩，对成绩优秀的宾客鼓掌喝彩，以示赞扬和鼓励

信息页二 饮料服务礼仪

在保龄球馆内的休息区，服务员还应根据宾客的需求及时提供饮料和小食品服务。在提供饮料时，要注意以下几方面的服务礼仪。

(1) 主动推介，细致服务。主动向宾客介绍饮料。询问时，问清宾客点用的饮料种类、数量及是否需要冰镇等。为宾客端送饮料时要使用托盘，从宾客右侧上饮料，手指只接触杯子的下端，不要碰杯口或瓶口。

(2) 准备充分，适宜口味。安排饮料品种时，注意照顾宾客的口味与备有选择：在准备时，应该大致了解宾客的口味；为了有备无患，还应该多准备一些品种。常规的做法是：强调一冷一热、一瓶一杯，即一瓶冷的矿泉水、一杯热的茶。

(3) 器皿选择，注意三点。饮料器皿的选择应注意三点：卫生、适用、整洁。

(4) 巧用征询，学会推介。征询的标准方式为封闭式问题，即给出所有选择，让宾客

从中挑选。例如："王先生，您喝咖啡还是喝茶？"说明只有这两种饮料可以选择，宾客就不会再选择其他饮料，可以避免出现尴尬。开放式问题会给宾客无限选择，很难把握。例如："您喝点什么？"宾客可以凭自己的喜好回答，也许是没有准备的，或者是昂贵的饮料，所以不太适合。

(5) 注意饮料，规范顺序。上饮料的规范顺序是：先宾后主，先尊后卑，先女后男，先身份高的后身份低的。

(6) 注意观察，及时服务。随时注意宾客的需要，及时为宾客提供必要的服务，如茶水、饮料服务等。

任务单一　礼仪训练

训练项目：保龄球陪练服务礼仪

角色准备：将学生分成两组，一组扮演宾客，一组担任陪练服务员。

训练目的：通过模拟练习掌握保龄球陪练服务礼仪。

礼仪要求：热情主动、耐心讲解、鼓励为主，以良好的服务态度对待宾客。

训练程序：

(1) 分小组讨论，设计情境；

(2) 写出模拟对话过程；

(3) 两组学生互换角色，轮流表演；

(4) 把训练成果用手机录下来，分组进行交流；

(5) 学生点评，教师指导。

任务单二　情境模拟

请根据下列情境，模拟练习保龄球服务礼仪。

人员分配：保龄球服务员1名，男孩2名，一对老年夫妇(1男1女)，其他宾客2人(男女不限)。

情境一：一对老年夫妇初次来到保龄球馆，看得出来他们对保龄球很感兴趣，但是不知道该怎么打。

分组讨论

(1) 你该如何帮助两位老人挑选合适的保龄球，耐心、细致地进行示范讲解，同时提供优质的陪练服务？在服务中应注意哪些礼仪细节？

(2) 完成评价。

小组评价	讨论是否认真、热烈 (2分)	要点是否齐全 (5分)	注意到细节 (3分)	得分

情境二：王先生带着他的朋友前来康乐部保龄球馆，准备打保龄球。但是，来到场馆后才发现球道全都满了。作为服务员，看到此情景应该如何做？

(1) 模拟服务过程：分小组模拟，最后由老师带领的点评小组进行评价。

(2) 完成下面的评价。

评价项目	情境安排 (3分)	演示内容 (3分)	表情流露 (2分)	规范体态 (2分)	总分 (10分)	
评价标准	情境模拟符合岗位实际，鲜明有特色	注重服务礼仪细节；熟练、自如	表情(微笑)和语言适度结合	仪态大方，适度	自评	互评
第　组						
第　组						
点评小组记录	优点： 问题：					

活动四 ▶ KTV接待服务礼仪

KTV是宾客在酒店进行娱乐活动的主要场所，针对宾客的不同需求，设置了不同规格的KTV包房。同时，酒店KTV一般都会在政府法规允许的范围内设置健康向上的经典歌曲和舞曲供宾客娱乐。在宾客娱乐消费期间，KTV为宾客提供各种果盘、酒水、饮料和小食品服务。在酒吧服务礼仪中，我们已经学习了酒水服务礼仪规范，这里主要学习KTV迎宾接待礼仪和巡视服务礼仪。

信息页一 KTV迎宾接待礼仪

KTV是酒店休闲娱乐的重要场所，也是酒店对外展示形象的窗口。

(1) 欢迎问候。接待人员要笑脸相迎，以先主宾后随员、先女宾后男宾的顺序欢迎问候。

(2) 带到包房。及时带领宾客，为宾客打开电梯门，用手势请客人进入电梯间，对行动不便的宾客主动携扶进入电梯。

(3) 列队欢迎。重要宾客到达时，要组织服务员到门口欢迎。要求服装整洁、精神饱满，必要时请部门领导出面迎接，待客人全部进店后方可离开。

信息页二　KTV巡视服务礼仪

细节决定成败，细节带来效益。让宾客感受到细致入微的服务，既能体验到酒店的服务水平，又能给酒店带来直接的经济效益。所以，KTV巡视服务是必不可少的。同时，在巡视包房的过程中应注意下面一些礼仪细节。

(1) 服务员要加强巡视，以便及时发现宾客的需要。宾客对K歌设备的使用不熟悉，要耐心指导；当宾客需要清理包房内使用过的餐具及器皿时，应及时撤换。

(2) 见到宾客饮料所剩不多时，要及时询问是否需要添加。宾客喝酒过量时，应当耐心地劝阻，不再添加酒水。当宾客暂时离开包房时，要保留桌面的酒水和食品，适当地清理杂物。对娱乐时间较长的宾客，千万不能催促或有不耐烦的表示，应耐心等待，遵循宾客至上的原则，礼貌待客。

(3) 服务员在巡视过程中不可交头接耳、对宾客品评头论足，即使距离所谈论的宾客较远，也是不允许的。

任务单　你知道该怎么做吗

下发任务	情境一：KTV通常都不让自带酒水。张女士刚从法国回来，要去参加高中同学聚会。晚上吃完饭后，大家意犹未尽打算去KTV唱歌，于是她就把从法国带回来的红酒拿到了KTV包间。作为服务员，见此情形你应该如何处理？	
如何服务		
细　节		
评　价	宾客评价	
	服务员自评	
	其他学生点评	

下发任务	情境二：如果你发现KTV包房里宾客的酒水快用完了，该怎么做？	
如何服务		
细　节		
评　价	宾客评价	
	服务员自评	
	其他学生点评	

活动五 SPA服务礼仪

很多高星级酒店的康乐部门会为宾客提供水疗养生等保健服务，通称为SPA服务。在给宾客进行SPA服务过程中，要时刻关注宾客的感受，使宾客在舒适、温馨、安静的环境中身、心、灵得到放松。

信息页 SPA服务礼仪

- 迎宾等候。SPA服务员根据预订在门前恭候宾客，并鞠躬问好
- 注意隐私。在为宾客进行更衣、包毛巾等服务时，视线应避开宾客的身体，不能给宾客带来不适感
- 语气柔和。服务中的语言提示应礼貌、轻柔
- 茶水服务。为宾客提供茶水、点心等贴心服务，注意细节
- 温馨送别。询问宾客对服务是否满意，礼送宾客至门外

知识链接

解答宾客问题时

(1) 站姿解答，保持距离。解答宾客问题时，应保持站姿。最好能和宾客保持一步半的距离，不要太近或太远。

(2) 神态自然，精神集中。应答宾客时，要谈吐大方、举止得体、神色从容、落落大方。不要拘谨畏缩，话未出口就面红耳赤。

(3) 语气温和，认真倾听。语气温和，对宾客要有耐心，双目注视对方，集中精神倾听对方讲话，以示尊重。切忌东张西望、心不在焉，如看手表、伸懒腰或打哈欠等。

(4) 手势运用，注意适度。手势可对谈话交流的内容起到辅助作用，但说话时不要有太多手势。特别是在与外国人谈话时，更应注意不可乱用手势。因为不了解别国的风俗习惯与忌讳，容易产生误会，甚至造成大错。

(5) 回答问题，明确清晰。耐心解答宾客提出的问题。如果没有听清宾客的问题，可以说："对不起，我没有听清楚，请您再说一遍好吗？"不能没有听清楚就乱回答，不能不懂装懂，做不到的事情不要随意承诺。

(6) 发生矛盾，沉着冷静。如果遇到有争议或发生矛盾时，态度要好，回答要慎重，要留有余地，要使用礼貌语言，不能恶意伤人。如遇到宾客抱怨，不要与宾客发生争吵，保持沉着冷静，与宾客对话时应语调亲切、音量适中。

任务单一 礼仪训练

训练项目一：SPA服务礼仪

角色准备：将学生分成两组，一组扮演宾客，一组担任服务员。

训练目的：通过模拟练习掌握SPA服务礼仪。

礼仪要求：热情主动、耐心讲解，以良好的服务态度对待宾客。

训练程序：

(1) 分小组讨论，设计情境；

(2) 写出模拟对话过程；

(3) 两组学生互换角色，轮流表演；

(4) 把训练成果用手机录下来，分组进行交流；

(5) 学生点评，教师指导。

训练项目二：解答问题时的服务礼仪

角色准备：将学生分成两组，一组扮演宾客，一组担任服务员。

训练目的：通过模拟练习掌握解答问题时的服务礼仪。

礼仪要求：热情主动、耐心倾听、回答明晰，以良好的服务态度对待宾客。

训练程序：

(1) 分小组讨论，设计情境；

(2) 写出模拟对话过程；

(3) 两组学生互换角色，轮流表演；

(4) 把训练成果用手机录下来，分组进行交流；

(5) 学生点评，教师指导。

训练项目三：送客服务礼仪

角色准备：将学生分成两组，一组扮演宾客，一组担任服务员。

训练目的：通过模拟练习掌握送客服务礼仪。

礼仪要求：热情主动、耐心倾听、回答明晰，以良好的服务态度对待宾客。

训练程序：

(1) 分小组讨论，设计情境；

(2) 写出模拟对话过程；

(3) 两组学生互换角色，轮流表演；

(4) 把训练成果用手机录下来，分组进行交流；

(5) 学生点评，教师指导。

任务单二　情境模拟

请根据下列情境，模拟KTV巡视服务礼仪。

人员分配：两位女宾客，一名服务员。

两位女宾客初次来到酒店康乐休闲，想去K歌放松一下，但是对KTV包房的设备不熟悉。她们请来了服务员给她们进行指导。

分组讨论

(1) 你该如何为宾客提供耐心、细致的优质服务。在服务中应注意哪些礼仪细节呢？

(2) 完成评价。

小组评价	讨论是否认真、热烈 (2分)	要点是否齐全 (5分)	注意到细节 (3分)	得分

任务评价

康乐接待服务礼仪

评价项目	具体要求	评价			建议
		☺	😐	☹	
康乐接待服务礼仪	1. 掌握游泳池接待服务礼仪				
	2. 掌握健身房接待服务礼仪				
	3. 掌握保龄球接待服务礼仪				
	4. 掌握KTV接待服务礼仪				
	5. 掌握SPA接待服务礼仪				
学生自我评价	1. 准时并有所准备地参加团队工作				
	2. 乐于助人并主动帮助其他成员				
	3. 能够倾听他人意见并与之交流				
	4. 全力以赴参与工作并发挥了积极作用				
小组活动评价	1. 团队合作良好，都能礼貌待人				
	2. 团队成员在工作中彼此信任，互相帮助				
	3. 所有成员对团队工作都有所贡献				
	4. 对团队的工作成果满意				
总计		个	个	个	总评

在康乐接待服务礼仪的学习中，我的收获是：

参考文献

[1] 任杰玉. 酒店服务礼仪[M]. 上海：华东师范大学出版社，2009.

[2] 鄢向荣，等. 旅游服务礼仪[M]. 北京：清华大学出版社，2006.

[3] 张秋垫. 酒店服务礼仪[M]. 杭州：浙江大学出版社，2009.

[4] 王伟. 中国饭店行业服务礼仪规范(试行) [M]. 北京：旅游教育出版社，2007.

[5] 张素洁，戴智弘. 饭店服务礼仪[M]. 北京：中国铁道出版社，2010.

[6] 张岩松，邹春霞，马丽萍. 现代服务礼仪[M]. 北京：清华大学出版社，2010.

[7] 杨富荣. 服务礼仪[M]. 北京：高等教育出版社，2009.

[8] 李嘉珊. 饭店服务礼仪[M]. 北京：中国人民大学出版社，2007.

[9] 杨萍. 酒店服务礼仪[M]. 海口：南海出版公司，2009.

[10] 冯宝琴，张运玲. 礼仪规范教程[M]. 北京：国家行政学院出版社，2006.

[11] 徐强. 饭店服务礼仪[M]. 北京：电子工业出版社，2009.

[12] 劳动和社会保障部教材办公室. 饭店服务礼仪[M]. 北京：中国劳动社会保障出版社，2008.

[13] 贾海芝. 饭店服务基本功实训[M]. 北京：清华大学出版社，2008.

[14] 李丽，严金明. 西餐与调酒操作实务[M]. 北京：清华大学出版社，2006.

[15] 善慧芳，李艳. 餐饮服务与管理[M]. 北京：中国铁道出版社，2009.

[16] 王立职. 咖啡调制与服务[M]. 北京：中国铁道出版社，2008.

[17] 潘雪梅，王立职. 前厅服务与管理[M]. 北京：中国铁道出版社，2009.

[18] 宋俊华，曲秀丽. 客房服务与管理[M]. 北京：中国铁道出版社，2009.

[19] 杨晓琳. 康乐服务与管理[M]. 北京：中国铁道出版社，2009.

[20] 田雅莉. 饭店服务礼仪[M]. 北京：高等教育出版社，2016.

[21] 路银芝，吕志梅. 现代礼仪[M]. 北京：中国人民大学出版社，2018.

[22] 王菁，宋艳秋. 职业礼仪与实训[M]. 北京：中国计划出版社，2016.

《中等职业学校酒店服务与管理类规划教材》

西餐与服务（第2版）

汪珊珊 主编　刘畅 副主编
ISBN：978-7-302-51974-4

中华茶艺（第2版）

郑春英 主编
ISBN：978-7-302-51730-6

会议服务（第2版）

高永荣 主编
ISBN：978-7-302-51973-7

咖啡服务（第2版）

荣晓坤 主编　林静 李亚男 副主编
ISBN：978-7-302-51972-0

调酒技艺（第2版）

龚威威 主编
ISBN：978-7-302-52469-4

酒店服务礼仪（第2版）

王冬琨 主编　郝璟 张玮 副主编
ISBN：978-7-302-53219-4

中餐服务（第2版）

王利荣 主编　刘秋月 汪珊珊 副主编
ISBN：978-7-302-53376-4

前厅服务与管理（第2版）

姚蕾 主编
ISBN：978-7-302-52930-9

客房服务（第2版）

赵历 主编
ISBN：978-7-302-54147-9

葡萄酒侍服

姜楠 主编
ISBN：978-7-302-26055-4

酒店花卉技艺

王秀娇 主编
ISBN：978-7-302-26345-6

雪茄服务

荣晓坤 汪珊珊 主编
ISBN：978-7-302-26958-8

康乐与服务

徐少阳 主编　李宜 副主编
ISBN：978-7-302-25731-8